KB216067

다말의 짜악

다말의
짜악
צעק

Eros & Logos

ㅎ• 누림과 이룸

* 살바토르 문디(Salvator Mundi)는
스페인어로 '세상을 구원하는 이' 라는 의미로
1500년경에 그려진 레오나르도 다 빈치의 회화 작품이다.
잘 알려지지는 않았지만 '남자 모나리자' 로 불리며
현재 전 세계에서 가장 비싼 그림이다.

프롤로그

　살바토르 문디.

　라틴어로 세상의 구세주. 예수의 초상화다.

　레오나르도 다 빈치가 그렸다는 이 그림은 4억 5천만 달러. 우리 돈으로 무려 5천억 원이나 되는 세상에서 가장 비싼 그림이다. 지금 그 그림이 불에 타고 있다. 대한민국 서울 한복판에서.

　그림이 불타고 있는 기독미술관 앞엔 이미 각종 언론사 기자들이 몰려들어 발 디딜 틈 없이 장사진을 이루었고, 하늘에선 헬리콥터가 굉음을 내며 기독미술관을 향해 다가오고 있었다. 마이크를 들고 안쪽으로 파고 들어가는 외신기자들과 확성기를 들고 뒤에서 질서를 지켜달라고 외치는 경찰들을 보니 벌써 사건이 글로벌 특종이 된 게 분명해 보였다.

현장은 굉장히 어수선해서 정신이 없었지만 동시에 긴장감이 감돌았다. 구경꾼들의 시선은 온통 건물 외벽 전광판을 통해 생중계되는 살바토르 문디에 쏠렸다. 그들은 전광판에 나타난 예수를 마치 십자가에 걸린 예수를 보듯 바라보고 있었다.

그리고,

살바토르 문디의 오른쪽 아래 모서리에 드디어 불이 붙었다. 불길은 종이를 태우며 조금씩 예수의 얼굴을 향해 좀 먹듯 파고 들어갔다. 사람들이 여기저기서 비명을 지르기 시작했다. 비명은 가지각색이었다.

"그만해."

누군가는 흐느끼듯 외쳤고

"아… 안 돼!"

절규 같은 고함도 뒤따랐다.

기도하듯 두 손을 쥐고 있다가 정신이 혼미해져 쓰러지는 사람도 보였다. 기자들은 격렬한 몸싸움을 하며 전장에서 총을 장전하고 돌진하듯 카메라를 들고 돌진했다. 카메라 셔터 소리가 총격음처럼 요란했다. 방송작가인 경미는 아까부터 기독미술관 앞에 서서 이 난리를 처음부터 하나도 빠짐없이 지켜보고 있었다. 그녀는 기독 미술관 건물 가까이에서 활공하는 헬리콥터를 잠시 멍한 시선으로 올려다보았다. 하늘이 유난히 청명했다. 경찰차 사이렌 소리와 소방차 사이렌 소리가 맑은 하늘을 배경화면에 깔고 퍼지는 비현실적인 배경음악처럼 느껴졌다. 이 세상이 아닌 저세상에서 달려오는 소리들.

경미는 알고 있었다. 오늘 살바토르 문디, 세상에서 가장 비싼 예수의 초상이 불에 태워진다는 것을. 전쟁통도 아닌 평화롭고 멀쩡한 서울 한복판에서 살바토르 문디가 불에 탄다는 사실을 어떻게 알았냐고? 미리 알고 있었다면 왜 막지 않았냐고? 또 이 엄청난 소동을 막을 방법은 없었냐고? 누군가 이런 질문을 한다면 경미는 단언할 수 있다. 막을 방법은 없었다고!

그렇다면 누군가 또 묻겠지. 예수의 초상이 아니, 세상에서 가장 비싼 그림이 불에 탄다는 사실을 당신은 어떻게 미리 알았냐고.

"삐이이— 비키세요. 소방차 진입합니다. 자리를 비켜 주세요."

그때, 자리를 비켜 달라고 안내하는 확성기 소리가 아

주 크게 들려왔다. 사람들이 너도나도 밀치며 아우성쳤고 몸들이 서로 뒤엉켰다.

"그림을 태우다니. 다른 것도 아니고 예수의 얼굴 그림을!"

"어떻게 예수의 얼굴에 불을 붙여!"

"지옥불에 떨어질 놈들. 하나님 앞에서 당장 사죄해!"

분노에 찬 교인들의 목소리가 날카롭게 파고들었다.

그때, 기독미술관 꼭대기 층 창문에서 방화범의 모습이 보였다. 가느다랗고 여린 실루엣의 젊은 여자, 예진이었다. 예진이 마이크를 들고 말했다.

"하나님 앞에서 당장 사과하세요."

마이크를 쥔 손은 떨고 있었지만 그녀의 목소리는 두려움 없이 분명하고 또렷했다. 박예진. 지금 건물 안에서 예수의 초상에 불을 지르고 하나님 앞에서 사과하라고 외치고 있는 사람.

예진은 경미의 친구였다.

목 차

1

예진 그가 내 이름을 불렀다

"천경미 작가는 아이템 없어?"

장 피디의 목소리엔 피곤함이 잔뜩 묻어 있었지만, 피곤함보다 예민함이 더 크게 느껴졌다. 장 피디는 방송사의 간판 시사프로그램 〈두 개의 시선〉의 메인 피디다. 그는 시의성과 화제성이 뛰어난 소재를 집요하게 파고들어 좋은 프로그램을 만들기로 유명한 스타 피디였다. 하지만 그는 몇 달째 경쟁사의 비슷한 프로그램과의 시청률 싸움에서 계속 지고 있었다. 처음엔 시청률이 작은 폭으로 떨어졌지만 최근 들어 점점 더 곤두박질쳤다. 나락으로 떨어지는 시청률 지표를 보여주는 그래프가 회의 테이블 중앙에 놓여 있었다. 질책이 이어지자 눈치 없는 박 작가가 겁 없이 입을 열었다.

"저쪽 방송국에서는 김민철로 MC가 바뀌었잖아요. 국민 MC가 등판했는데 아무리 기획을 잘 짠다고 해도 신입 아나운서가 진행하는 우리 프로그램이 그걸 어떻게 이겨요?"

볼멘소리하는 박 작가의 머리 위로 휙! 하는 소리와 함께 무언가 날아갔다. 장 피디가 던진 볼펜이었다.

"그래서 어차피 MC 경쟁력 없는 우리 방송은 이대로 폐지해도 괜찮다는 거야? 밤새도록 뇌에서 마지막 한 방울까지 즙을 짜내며 아이디어를 찾아도 모자랄 판에 어디서 지금 말 같지도 않은 소리를 지껄여. 다들 개편 때 밥줄 놓고 싶어? 개편 때 방송 폐지되면 나도 끝나고 니들도 같이 끝나는 거야."

한번 폭주하면 멈출 줄 모르는 장 피디의 성격을 잘 알고 있는 경미는 행여 불똥이 자신에게로 튈까 봐 아까부터 눈도 마주치지 않으려고 시선을 테이블 아래로만 내리깔았다. 그렇지 않아도 마땅한 아이템을 준비하지 못하고 회의에 들어왔는데 이럴 때 괜히 장 피디와 눈이 마주쳤다간 언제 볼펜이 자기에게 날아올지 모를 일이었기 때문이다.

경미는 볼펜까지 던져야만 하는 장 피디의 심정을 모르지 않았다. 그도 답답할 것이다. 시청률이 나오지 않으면 부장부터 본부장, 국장까지 차례로 불려다니면서 너덜너덜해질 때까지 쪼이고 또 쪼일 테니까.

경력 7년 차 시사교양 프로그램 방송작가 경미는 어느덧 이렇게 볼펜 뚜껑을 던지는 피디를 이해하는 산전수전 베테랑이 되어 있었다. 그토록 방송 판은 시청률 전쟁에서 살아남기 위해 전투를 치러야 하는 험난한 곳이었다.

"천경미. 가져온 아이템 좀 꺼내 봐."

드디어 장 피디 입에서 경미의 이름이 나왔다.

"죄송합니다. 피디님."

이럴 땐 무조건 죄송해야 탈이 없다. 무조건. 경미는 이마가 테이블에 닿을 때까지 고개를 숙였다.

"이것들이 진짜…."

장 피디는 머리를 쥐어뜯으며 부들부들 떨었지만 고개를 바싹 숙인 경미를 향해 더 소리를 지르진 못했다. 그러고 보면 장 피디도 눈곱만치는 마음 약한 구석이 있는 남자였다. 갑자기 며칠 동안 집에도 못 들어가서 떡이 진 장 피디의 머리를 보니 짠했다. 화를 낼 만큼 내서 더 낼 화도 없는지 장 피디는 한숨을 쉬며 열이 식은 목소리로 사정하듯 말했다.

"없으면 조작이라도 해. 제발."

정말 절박해 보였다.

"장 피디 열 받았을 땐 죽은 듯이 있으라니까. 뭐하러 예민한 사람한테 눈치 없이 그 타이밍에 금기어인 김민철 이야기를 꺼내. 장 피디도 저러고 싶겠어?"

장 피디가 나간 빈 회의실에서 경미는 탈탈 털려 기진맥진한 박 작가를 다독였다. 사실 방송작가의 일이란 시청률 대박을 칠 아이템을 찾아 취재하는 것이 팔 할이다. 그러니 아이템은 곧 생명이었다. 때려치우지 않고 이 바닥에서 밥 먹고 살 생각이라면 이럴 땐 일단 죄송하다고 고개 숙이고 뭐든 아이템을 빨리 찾아오는 게 상책이지 다른 방법은 없다.

"경미 선배. 전 원래 문창과 문학도였는데 방송작가도 글 쓰는 작가인 줄 알고 들어왔거든요. 근데 쓰고 싶은 글은 쓸 기회조차 없고 맨날 취재하고 아이템 찾아오라고 하니 진짜 못 해먹겠어요."

박 작가가 혀를 내두르며 말했다.

"박 작가, 번지수 파악 잘 해. 문학은 예술이고 방송은 상업이야. 여긴 글 쓰는 데가 아니라 상품 만드는 데라고. 장사 안되면 바로 서터 내리는 곳!"

위로인지 충고인지 알 수 없는 경미의 말. 하지만 후

배 작가에게 그렇게밖에 말할 수 없는 경미의 머릿속도 복잡하긴 마찬가지였다. 원래도 경쟁이 치열했던 방송국은 갈수록 점점 더 치열해지고 있었기 때문이다. 그래도 예전엔 기본적으로 시청률과 상관없이 호평을 받으면 살아남을 수 있었던 교양, 시사프로그램들이란 게 있었다. 하지만 이젠 시청률이 떨어지면 인정사정없이 폐기 처분됐다. 어쩔 수 없는 현실이었다.

콘텐츠 플랫폼이 다양해진 미디어 세상에서 시청자들은 점점 더 자극적인 것을 원하니까. 심장을 쫄깃쫄깃하게 쪼이고 쪼이다가 단 몇 분만, 아니 몇 초만 느슨하게 흘러가도 채널이 바로 돌아가는 냉정한 방송 정글. 이 정글 세계에서 살아남으려면 정말 장 피디 말대로 조작이라도 불사해야 했다.

띠링~, 그때 경미의 핸드폰 카톡 알림이 울렸다. 경미는 가방에서 핸드폰을 꺼내 카톡 메시지를 확인했다. 친구 예진이가 보낸 메시지였다.

'이게 뭐야?'

> 마지막 문자를 너한테 보내
> 그 사람의 죄를 밝히고 싶었어
> 미안해 경미야

행복하고 건강해
안녕

순간 경미의 표정이 일그러졌다. 죽음을 알리는 듯한
마지막 인사였다.

*

예진의 자취방은 경미의 방송국에서 택시로 20분. 서
울 변두리 주택가에 있는 다세대 주택이었다. 고등학교
때부터 친구였던 예진과 경미는 현관 비밀번호까지 공
유할 정도로 서로 잘 알았다. 아니, 어쩌면 잘 안다고 생
각했던 것 같다. 죽음을 알리는 이런 문자를 왜 보냈는
지 경미는 전혀 짐작할 수 없었으니까. 이유가 뭔지 감
조차 잡히지 않았다. 예진에 대해서만큼은 많이 알고 있
다고 생각했던 경미는 그동안 그녀에게 죽음을 결심할
만큼 중대한 고민이 있었다는 사실이 당황스러웠다. 대
체 왜?

그녀는 죽을 이유가 없다. 심지어 그녀는 크리스천이
었다. 신학대를 졸업하고 신학대학원을 다니고 있는 독
실한 크리스천. 그녀는 대학원을 졸업하면 교회 행정전

도사로 일하고 싶어 했다.

일찍 방송국에 취업해 다이내믹한 사회생활을 경험한 경미와 다르게 예진의 일상은 단조로웠다. 일주일 내내 오로지 집, 학교, 교회를 다람쥐 쳇바퀴 돌 듯 했다. 특별히 연애 같은 것도 하지 않았던 그녀의 생활 방식은 늘 일정했다.

경미가 보기엔 예진에겐 경제적인 압박도 크게 없는 듯했다. 우수한 학점으로 성적 장학금을 받으며 대학원에 다녔고 마지막 학기엔 근로 장학생으로 일해서 학자금 대출 문제도 없었기 때문이다. 게다가 신학 공부를 절대적으로 지지하는 부모님에게 정서적으로도 꾸준한 지지를 받았고 일정액의 생활비도 지원받고 있었다. 이렇다 할 진로 고민, 취업 고민, 심지어 남자 문제도 없었던 박예진. 일찍 결정한 신학도의 길을 지금껏 잘 걸어가던 그녀.

'그런데 왜?'

예진의 자취방으로 가는 택시 안에서도 경미는 예진의 돌발행동을 이해할 만한 이유를 찾을 수 없었다. 예진은 이런 일을 저지를 성격이 아니었다. 신중하고 차분하고 계획적이었으며, 무엇보다 그녀는 기독교인이 아닌가.

크리스천.

예진을 이보다 더 잘 표현할 수 있는 단어가 있을까. 경미의 시선으로 봤을 때 그녀는 신기하리만큼 신앙생활에서 순수했고 젊은 사람답지 않게 세속적인 것들과는 거리를 두고 살았다. 쾌락적인 것, 즉흥적인 것, 탐욕적인 것, 순간의 즐거움을 주는 것들과는…. 경미가 보기에 예진은 참 재미없이 사는 스타일이었다.

힐링이 필요하면 며칠씩 어디론가 훌쩍 떠나고, 좋아하는 남자가 생기면 당장 다가가 먼저 데이트 신청도 하고, 자유롭게 남자들과 연애도 하고 섹스도 즐기다가 마음이 맞지 않거나 싫증이 나면 단칼에 헤어지고 또 다른 사랑을 찾는 경미와는 달라도 너무 달랐다. 그리고 결정적으로 경미는 신을 믿지 않았다.

반면에 예진은 혼전 순결을 주장했으며 한번 마음을 주면 평생 사랑하고 헌신해야 한다고 생각했다. 그래서 배우자를 위한 기도를 하며 하나님의 응답을 기다렸다.

"하다 하다 남자까지 하나님한테 찾아달라고 기도를 하니?"

경미는 이해하지 못했다.

"사람은 생각하는 동물이야. 스스로 생각하고 판단해야지. 남자 문제까지 하나님이 시키는 대로 한다면 인간은 뭐 하러 살아? 자기 뜻은 없고 죄다 하나님 뜻이면 그게 인생이야? 다른 건 몰라도 남자만큼은 그냥 네가 만나고 싶은 놈 만나!"

쏘아 대는 경미의 말에도 예진은 그냥 웃었다.

"난 이게 편해. 내 뜻대로 사는 게 아니라 하나님 뜻대로 사는 거."

*

"개똥 같은 소리."

예진의 자취방 현관문 앞에서 비밀번호를 다급하게 누르던 경미가 홧김에 내뱉었다.

"죽을 용기로 살 생각을 해야지. 죽기는 왜 죽어?"

경미는 현관문을 열고 예진의 방으로 달려갔다. 방문은 쉽게 열리지 않았다. 손잡이를 잡고 몇 번이나 세게 밀어 봤지만 방문은 꿈쩍도 하지 않았다. 안에서 들어오지 못하게 큰 가구나 무거운 물건들로 방문을 막아 놨을지 모른다는 생각이 들었다. 경미는 있는 힘껏 뜀박질로 달려가 방문에 몸을 부딪쳤다. 쾅! 쾅! 그렇게 몇 번을 달려가 몸을 부딪치자 드디어 예진의 방문이 열렸다.

"허업!"

방안에 펼쳐진 광경을 본 경미는 자기도 모르게 비명이 새어 나오는 입을 틀어막았다. 어찌나 꼼꼼하게 죽음을 준비했는지. 방안은 한 치의 틈도 허용하지 않겠다는 듯 창문틀과 방문 틈마다 온통 청테이프를 붙여 놓았다. 소주병, 부탄가스, 버너와 번개탄… 죽음을 위한 잡동사니들이 널브러진 방 한가운데 예진이 눈을 꼭 감고 누워 있었다. 영락없이 죽음을 향해 달려가는 모습으로. 친구의 모습을 확인하자 다시 비명이 새어 나오려는 걸 겨우 참은 경미의 두 다리가 떨리기 시작했다.

　'아. 안 돼. 나라도 정신을 차려야지.'

　경미는 정신을 차리려고 머리를 한번 흔들고는 방안을 다시 둘러봤다.

　'뭐부터 해야 하지?'

　일단 환기를 시켜야 했다. 경미는 창문에 붙은 청테이프를 떼어내려고 안간힘을 썼다. 아무렇게나 잡히는 대로 마구 손톱으로 긁고 문지르고 잡아떼기를 반복했지만 짧은 시간 안에 테이프를 전부 떼어내고 창문을 열기엔 역부족이었다. 경미의 손끝이 어느새 빨갛게 부어올라 있었다.

　"박예진. 박예진!"

　경미는 바닥에 누워 있는 예진을 붙잡고 흔들었다.

"정신 좀 차려 봐. 박예진."

아무 대답도 없는 예진을 부둥켜안은 채 경미가 기어이 울음을 터트렸다. 그녀는 주머니 속 핸드폰을 꺼냈다. 119를 누르는 손가락이 덜덜 떨렸다.

"여기 사람이… 살려 주세요. 사람이 죽어요. 얼른 와 주세요."

*

"흐흑…."

응급실 간이 의자에 앉아 졸고 있던 경미는 울음소리에 깜짝 놀라 눈을 떴다. 예진이었다. 예진은 흐느끼고 있었다.

'살았구나.'

운다는 건, 슬픔을 느낄 수 있다는 건, 살아 있다는 의미였다. 경미는 울고 있는 예진에게 왜 그랬냐고 대체 무슨 일이 있었던 거냐고 묻고 싶었지만, 죽음의 문턱에서 살아 돌아온 예진이 실컷 울면서 살아 있음을 느끼도록 그냥 내버려 두었다.

예진은 흐느끼고 또 흐느꼈다. 경미는 침대 옆 간이 의자에 앉아 언제 울음을 그칠지 모르는 예진을 측은하게 바라봤다. 우느라 잔뜩 일그러진 예진의 표정. 대체 왜, 무슨 이유로 저러는 거지?

"나…쁜. 정말 너무 나쁜."

드디어 예진의 입이 열렸다. 경미는 예진의 달싹거리는 입술에서 나오는 단어를 한마디도 놓치지 않으려고 미간을 찌푸리며 집중했다.

"정말 나쁜 놈."

예진은 다 삭이지 못한 사연에 북받쳤는지 다시 울기 시작했다.

"말해 봐! 누구, 누구 말이야?"

더는 답답함을 견디지 못한 경미가 예진을 다그쳤다.

"괜찮으니까 말해 봐. 그 나쁜 놈이 누구야? 그 나쁜 놈이 뭘 어떻게 했는데?"

눈물을 닦으며 예진이 말했다.

"조 현 세."

*

"박예진. 힘들진 않니?"

교회 행정실에서 필요한 자료를 찾아 나오던 예진에

게 조현세 목사가 물었다. 조 목사는 미국에서 목회 활동을 하다가 몇 달 전, 예진이 다니는 대형 교회인 중생교회에 새로 부임한 담임 목사였다. 예진은 조 목사가 먼저 안부를 물어와서 깜짝 놀랐다. 게다가 교인이 수천 명인데 자신의 이름까지 알고 있다니.

"목사님…."

"학생부 지도가 생각보다 어렵지?"

"아니에요. 괜찮아요."

들던 대로 조현세 목사는 섬세하고 자상한 카리스마가 있었다. 다부진 몸매에 털털한 음성을 가졌지만, 그의 화법은 대단히 부드러웠다. 외적으론 강하고 내적으론 부드러움이 느껴지는 사람. 그는 중생교회에 부임하자마자 자신의 강점인 부드러운 카리스마를 마음껏 활용해 교회를 부흥시켰다. 사람들은 새롭게 등장한 매력적인 목사를 잘 따랐고 조 목사의 인기는 나날이 뜨거워 갔다.

예진은 그런 조 목사를 바로 눈앞에서 직접 마주했다는 사실만으로도 어쩔 줄 모를 만큼 기분이 좋았다. 그동안은 늘 강단 아래 앉아 높은 교회 강단에서 설교하는 목사님을 올려다 보기만 했었다. 그런데 조 목사는 평범한 교인인 예진이 어떤 사역을 맡고 있는지까지 다 알고 있지 않은가. 역시 듣던 대로 멋진 분이었다.

"힘들면 언제든지 내게 말해."

조 목사는 자상하게 예진의 어깨를 두드렸다. 그토록 위엄 있게 느껴졌던 목사님이 자신의 어깨를 두드려주었다는 사실이 예진은 신기했다. TV나 영화 속 유명 연예인을 만난 기분. 그 연예인이 나를 향해 손을 흔들고 미소를 보내는 듯한, 딱 그런 기분이었다. 하나님의 선택을 받은 고귀한 믿음의 성인이 나를 알아봐 주었다는 느낌은 실로 뿌듯했다. 예진은 벅찬 가슴을 누르며 조 목사를 향해 쑥스럽게 웃었다.

"고맙습니다. 목사님."

예진과 대화를 마친 조 목사는 자리를 떠났지만 예진은 그대로 그 자리에 서 있었다. 그리고 조금 전 조 목사와 짧은 대화를 나눴던 복도를 몇 번이고 둘러봤다. 오늘따라 이상하리만큼 아무도 없는 교회 복도. 이 신성하고 적막한 장소에서 조 목사와 단둘이 대화를 나눴다는 사실이 은혜로웠다. 그리고 묘하게 설렜다.

'그렇게 존경하던, 동경하던 그분이 나에게!'

예진은 마치 하나님이 이곳에 잠시 오셨다 가셨을지도 모른다고 생각했다. 하나님께 선택받은 느낌.

예진은 자신도 모르게 기도하듯 두 손을 모았다. 이

특별한 기분을 만끽하고 싶었다. 예진은 자신의 마음 깊은 곳에서 처음 경험하는 어떤 감정이 뜨겁고 간지럽게 일렁이는 것을 느꼈다. 묘하게 설레는 기분 좋은 감정. 시간이 지나도 절대 잊어버리고 싶지 않은 감정이었다.

그녀의 얼굴이 발그레해졌다. 난생처음 연애를 시작한 숙녀처럼. 왕에게 간택 받은 여인처럼.

*

예진이 조 목사와 다시 마주친 건 세상이 온통 푸른 여름이었다. 대학원 마지막 한 학기를 남겨두고 휴학 신청을 하기 위해 학교를 찾아온 예진은 아쉬운 마음에 선뜻 휴학계를 내지 못한 채 혼자 교내 이곳저곳을 걷고 있었다. 어차피 결심한 휴학이었지만 내키지 않는 결정이었다. 특별한 취미도 없었고 또래 친구들과 노는 걸 즐기지 않는 그녀에게 학교는 가장 재미있는 곳이었다. 수업이 끝나면 도서관에서 신학 책을 탐독하는 것이 유일한 취미였다. 그렇게 학부를 마치고 대학원으로 곧장 진학한 그녀였다.

"한 학기밖에 안 남았는데. 휴학을 꼭 해야 하는 거야?"

"형편이 그렇게 된 걸 어떡하니."

예진의 엄마는 예진에게 한 학기만 졸업을 미루자고 부탁했다. 그동안 넉넉하진 않아도 부족한 형편은 아니라고 생각했는데 엄마가 갑자기 이런 부탁을 하니 예진은 당황스러웠다.

"엄마, 그럼 학자금 대출을 받으면 안 될까?"

어떻게든 휴학을 하지 않고 마지막 학기를 마치고 싶은 예진이 조심스럽게 말했다. 하지만,

"기어이 대출까지 받아야겠니?"

엄마의 핀잔 섞인 대답이 돌아왔다. 결국은 휴학을 하겠다고 대답할 수밖에 없었다. 하긴, 휴학을 안 해야 할 특별한 이유도 없었다. 그저 중도하차를 싫어하는 자신의 성격 때문이었으니까.

예진은 중앙 도서관 앞 벤치에 앉아 뜨거운 여름 햇살을 받고 있는 도서관 건물을 가만히 쳐다봤다. 예진이 가장 좋아하는 곳. 도서관은 언제나 묵묵하게 그녀를 기다려 주는 곳이었다. 휴학해도 이곳만큼은 자주 들러야겠다는 생각을 하고 있을 무렵,

"예진이 아니니?"

익숙한 목소리가 들렸다. 뜨거운 여름 하늘을 뚫고 떨

어지는 빗방울처럼 누군가의 목소리가 예진의 가슴을 툭 건드렸다. 예진이 깜짝 놀라 고개를 돌렸다. 조현세 목사였다.

"맞네. 박예진."

조 목사의 얼굴엔 반가운 웃음이 가득했다.

"목사님."

느닷없이 조 목사와 만난 예진은 놀랍고 반가운 마음에 활짝 따라 웃었다.

"여기 학생인가 봐."

"네. 대학원 다녀요."

"방학일 텐데 논문 준비 때문에 도서관에 온 건가?"

"아뇨… 휴학계를 내려고 왔어요."

교회가 아닌 장소에서 조 목사와 마주하는 것도 새로운 느낌이었지만 교회 밖에서의 조 목사는 연단 위에서와는 사뭇 다른 느낌이었다. 조 목사는 벤치 쪽으로 걸어와 예진의 옆에 앉았다. 어색할 것 같았는데 막상 나란히 앉으니 생각보다 편안했다. 조 목사는 예진의 손을 가만히 꼭 잡았다. 너무 따뜻했다.

"기억하니? 힘들면 언제든지 내게 얘기하라고 했던 말."

*

조 목사는 다정했고 삶의 경험과 연륜까지 있었다. 그는 예진이 처한 상황에서는 어떤 말과 어떤 도움이 필요한지 너무나 잘 아는 사람이었다. 조 목사는 본능적으로 사람을, 아니 특히 여자를 잘 다루는 남자였다. 그는 마치 예진의 머릿속에 들어와 그녀의 생각과 마음을 읽는 것 같았다. 어쩌면 이런 재능이 그를 목사로 이끌었을지도 모른다.

조 목사는 예진의 지도교수인 유형준 교수와 유학 시절부터 개인적 친분이 있었다. 그는 유 교수에게 근로장학생 자리를 부탁했다. 휴학하지 않고 학교 일을 하며 장학금과 용돈을 벌 수 있는 길을 만들어 준 것이다. 어려워 보이는 일도 이렇게 조 목사의 손을 거치면 뭐든 척척 해결됐다. 기도만 하면 응답이 내려지는 기적이 예진의 앞에 일어나는 것 같았다.

예진은 남자를 잘 몰랐다. 그 흔한 교회 오빠조차 한 번도 제대로 사귀어 본 적이 없었다. 이성을 만나는 것조차 하나님의 계획 안에 있다고 생각했기 때문에 응답을 받지 못했다고 생각되는 만남은 시작조차 하지 않았다.

하지만 조 목사는 달랐다. 말 그대로 그는 목사였다. 목사는 아무나 가질 수 있는 직업이 아닌, 하나님의 선택과 부름이 있어야 할 수 있는 일이다. 그러니까 목사는 우리 같은 사람이 아닌 주의 종이었다.

예진은 하나님에 대한 자기 생각을 조 목사에게 적용해 버렸다. 그녀에게 조 목사는 바른 믿음을 갖게 하는 통로였다. 그랬기 때문에 그녀는 조 목사의 행동에 대해서는 어떤 의심도 하지 않았다. 그가 베푸는 호의를 순수하게 받아들이지 못하는 것은 불경한 행동이었다.

왜냐하면, 목사는 절대적인 하나님의 사도니까. 나는 '믿는 사람'이니까. 목사님이 하는 것엔 오류가 있을 수 없으니까.

"엄마. 나 휴학 안 해도 될 것 같아."

"무슨 소리야? 엄마가 대출은 받지 말자고 했잖아."

"그게 아니라…."

예진은 엄마를 자기 쪽으로 살짝 끌어당겼다.

"우리 교회 조 목사님이 말이야…."

이상했다. 왜 비밀도 아닌데 비밀을 말하듯 엄마를 잡아끌었는지, 왜 평소보다 낮은 목소리로 말했는지. 목사님이 근로 장학생 자리를 알아 봐주셨고 그래서 일을 하면서 학교를 쉬지 않고 다닐 수 있게 되었다는, 누가 들어도 아무렇지도 않은 이야기를 왜 그렇게 속삭이며 말했을까. 예진은 그땐 그 이유를 스스로 알지 못했다.

*

조 목사는 이제 예진에게 가까운 존재였다. 그는 친구 유 교수를 만난다는 핑계로 종종 학교에 찾아와 예진을 만났고 점심을 사주며 용돈을 쥐여 주기도 했다. 그리고 석사 논문작성에 어려움을 겪는 예진에게 학문적인 도움을 주기도 했다. 미국에서 유학했던 조 목사는 온갖 지식에 해박했고 덕분에 예진은 제목과 목차조차 잡기 어려웠던 논문을 쉽게 진행할 수 있었다. 그렇게 예진의 대학원 마지막 학기는 조 목사 덕분에 순탄하게 흘러가고 있었다.

바람이 선선하게 불던 어느 날이었다. 도서관에서 논문을 쓰고 있는데 예진의 핸드폰이 울렸다. 조 목사였다.

''

예상하지 못했던 내용이었다. ♥라니. 예진은 당황했

지만 피식 웃음이 나왔다. 50대 남자가 가진 마지막 순수함을 본 것 같았다. 조 목사의 돌발행동이 친근감의 표시라고 생각했고, 마치 누구에게도 보여주지 않는 조 목사 내면의 어린아이를 만난 것 같은 기분이었다. 어떤 답장을 보내야 할지 예진은 잠깐 망설였다. 똑같이 하트로 화답하자니 순수한 장난이 진지한 사랑이 될 것 같았고 그렇다고 일상적인 대답을 보내자니 그가 보낸 친절함을 거부하는 것 같았다. 고심 끝에 예진은 답장을 보냈다.

'…'

'목사님이 내 문자를 어떻게 받아들였을까?'

문자를 보내놓고 예진은 자신의 답장을 조 목사가 어떤 마음으로 받아들였을지 궁금했다. 그녀는 조 목사가 불필요한 오해를 하지 않길 바라는 동시에 관계가 어색해지지 않기를 바랐다. 문자 이모티콘 하나로 왜 이런 양가감정에 휩싸이는지 알아채지 못할 정도로 예진은 순진하다 못해 백치 같은 연애 세포를 가지고 있었다.

조 목사에게 바로 답장이 오지 않자 아무도 뭐라는 사람도 없는데, 예진은 불안했다. 불안감 때문에 부연 설명을 해야 할 것 같은 마음이 들었고 예진은 조 목사에게 뒤이어 문자를 하나 더 보냈다.

'저 지금 도서관에서 논문 쓰고 있어요.'

이상했다. 조 목사는 늘 곧바로 답장을 보내는 스타일인데 두 개의 문자를 보냈는데도 한참이나 답이 오지 않았다. 이제 예진은 읽던 책을 더 이상 집중해서 읽을 수조차 없었다. 핸드폰 액정만 만지작거리던 예진은 결국 벌떡 일어나 가방을 챙겼다.

'내가 왜 이러지?'

그녀는 조 목사의 반응을 민감하게 기다리고 있었다. ♥를 보낸 건 조 목사였는데 그의 반응에 민감한 건 예진이었다. 바깥바람을 쐬어야 할 것 같았다. 예진은 심호흡하며 도서관의 가파른 계단을 내려왔다.

*

"목사님…?"

조 목사는 도서관 계단 아래 서 있었다. 웃는 표정도 심각한 표정도 아닌, 알 수 없는 표정. 하지만 그에게 감도는 또 다른 표정 하나가 더 있었다. 설렘. 도서관 아래에서 예진을 기다리는 조 목사의 얼굴엔 설렘이 있었다. 그는 설레는 마음을 최대한 감추려고 애써 입술에 힘을 주고 있었다.

"여기 계셨어요?"

조 목사는 그 자리에 서서 온몸으로 예진에게 답장을 보내고 있었다.

'너를 기다리고 있었다. 너를 만나러 왔다. 네가 보고 싶어서.'

세상에서 가장 큰 어깨를 가진 남자. 하나님의 모든 말씀과 은혜를 짊어지고 나를 만나기 위해 묵묵하게 서 있는 남자.

"박예진."

그가 내 이름을 불렀다. 가슴이 사정없이 뛰었다.

"사랑해. 박예진."

*

난생처음. 예진은 호텔 방에 들어와 있었다. 이곳이 어떤 곳인지 그녀도 모르지 않았지만 오지 않을 수 없었다. 마음의 준비 없이 그냥 따라온 건 아니었다. 이곳에 오길 거절하면 더 이상 조 목사가 자신에게 친절을 베풀지 않을 것 같았다.

그리고…

그가 나를 사랑하고 있다.

예진은 자신을 여자로 불러주는 조 목사에게서 하나
님을 보았다. 하나님의 목소리가 있다면 바로 이 음성이
었으리라. 그토록 찾던 사랑의 기도, 간절하게 원하던
배우자 기도의 응답을 드디어 들었기 때문에 예진은 자
신의 몸과 마음을 이젠 모두 꺼내놔야 한다고 생각했다.

두 사람은 호텔 방에 마주 섰다. 어색한 관계가 되지
않길 원했지만 예진은 너무 어색해서 고개를 들 수 없었
다. 숨 쉬는 것조차 어색해서 그녀는 최대한 숨을 참았
다. 고개를 숙이고 바닥의 카펫만 바라보는 예진에게 조
목사가 말했다.

"먼저 씻고 나오렴."

조 목사는 얼음처럼 굳어 있는 예진의 재킷을 직접 벗
겨주었다.

*

조 목사는 하나부터 열까지 모든 걸 이끌었다. 그의
말투는 부드럽고 달콤했지만 그의 언어는 단호했다. 그
는 아무것도 할 줄 몰라 망설이는 예진을 두고 모든 행
동을 이끌었다. 샤워를 마친 예진이 타월을 두르고 나오
자 조 목사는 타월을 벗고 알몸으로 자신의 앞에 서기를

요구했다.

예진은 조 목사의 어떤 말도 거역할 수 없었다. 하나님 앞에서 몸과 마음을 모두 주기로 결심한 이상, 그의 말은 곧 법이었다. 예진은 자신의 젊고 젊은 몸을 모두 드러낸 채 조 목사 앞에 섰다.

"내가 씻고 나올 때까지 이렇게 나를 기다리고 있어."

수치스럽고 죽을 만큼 떨려서 주저앉을 것 같았지만 예진은 온 힘을 다해 알몸으로 조 목사를 기다렸다. 샤워하는 물소리가 온몸의 세포를 다 적시는 것 같았다. 잠시 후, 조 목사도 알몸이 되어 예진 앞에 섰다. 그날 예진은 남자의 나체를 처음 봤다.

'정말 이것이 하나님의 뜻일까.'

막상 남자의 나체를 보자 그녀는 두려웠다. 하지만 어떻게 그 마음을 읽었는지 조 목사가 손으로 부드럽게 예진의 맨몸을 쓸어주며 그녀를 다독였다.

"두려워하지 마. 우리는 사랑을 하는 거야."

그의 손길이 부드러울수록 예진의 근육은 긴장으로 딱딱하게 굳었다. 조 목사는 예진을 침대에 눕혔다. 그리고 막대기처럼 굳어 있는 예진의 몸에 자신의 것을 밀어 넣었다.

"아아악!"

예진은 예상치 못한 큰 아픔에 자신도 모르게 비명을 질렀다. 조 목사의 미간이 살짝 찌푸려졌지만 그는 멈추지 않았다. 예진이 다시 아파서 소리 지르자 조 목사가 조금 전 부드러웠던 목소리와는 새삼 다른 명령조로 말했다.

"참아!"

예진은 입술을 꾹 깨물며 비명을 속으로 삼켜냈다. 찢어지는 고통. 사랑의 고통이 이렇게 뾰족하고 날카로운 것이라는 걸 예진은 온몸으로 경험하고 있었다. 사랑이란 걸 하는 건데 이상하게 눈물이 났다.

'내 몸과 마음은 이제 조 목사님에게 모두 간 거야.'

뜨거운 눈물이 마구 쏟아졌다. 슬프다는 말로는 표현하기 힘든. 사랑의 대가를 감당해 냈다는 벅찬 자기 위로. 하지만 육체는 고통스러웠고 과연 이 사랑이 당당할 수 있을까 예진은 혼란스러웠다.

사정을 마친 조 목사가 예진의 몸 위에 포개 누우며 예진을 끌어안았다. 그는 예진이 울고 있다는 것을 알고 얕은 한숨을 쉬었다. 그리고 예진의 뺨을 쓸어주며 말했다.

"울지 마, 예진아. 기쁜 마음으로 사랑해야지."

*

'처음'이란 말은 '순수'란 말처럼 죄책감을 마비시킨다. 조 목사는 입버릇처럼 예진에게 이런 감정은 네가 처음이라고 말했다. 정말로 남자가 처음인 예진에게 그 말은 꿀처럼 달콤했다.

마음이 모두 열린 예진은 조 목사에게 너무 쉬운 유희 상대였다. 그는 자신에게 모든 걸 다 내어주는 젊고 파릇한 여자와 거리낌없이 연애를 즐겼다. 그리고 아무것도 몰랐던 여자에게 육체의 쾌락을 가르치기 시작했다. 그렇게 남자의 육체에 길들여지면 쉽게 벗어날 수 없다는 걸 조 목사는 잘 알았다.

아주 노련한 테크닉을 예진에게 가르쳤고 자신에게 그 행위를 하나씩 실행하도록 했다. 그는 아무것도 모르는 예진을 사랑으로 포장한 육체의 노예로 만들었다. 오십 대 남자에게 이십 대 여자는 정말 훌륭한 섹스 파트너였다. 게다가 자신의 말이라면 무조건 순종하는 완벽한 섹스 파트너.

조 목사는 육체뿐만 아니라 정신적으로도 예진을 조련했다. 그녀가 자신 앞에서 흐트러지는 모습을 보이면 그는 호되게 꾸짖었다. 그렇게 다정했던 조 목사의 입에

서 불호령이 떨어지면 예진은 눈물을 뚝뚝 흘리며 죄책
감에 시달렸다. 조 목사를 향한 자신의 마음이 흐트러지
지 않도록 그녀는 하나님께 기도하고 기도했다. 그리고
성경의 구절들을 마음에 새겼다.

'너희의 복종이 온전하게 될 때에 모든 복종하지 않
는 것을 벌하려고 준비하는 중에 있노라.'

(고린도후서 10장 6절)

교회는 너무나 가부장적이었고 교회 안에서 남자가
여자에게 행하는 부당한 일들은 쉽게 용인되었다. 더욱
이 그가 목사였기 때문에 시간이 지나면 지날수록 예진
은 그에게 종속되는 것이 자연스러웠다. 그렇게 그녀는
완전하게 그의 것이 되었다. 육체적으로 피곤한 날에도
개인 일정이 있는 날에도 예진은 조 목사가 자신을 찾는
문자를 보내오면 주저 없이 그가 있는 곳으로 달려가야
했다.

전국으로 부흥회를 다니며 강연과 설교를 하는 스타
목사인 조 목사는 지방에 숙소를 잡아 놓고 예진을 데리
고 다녔다. 그녀는 사람들 눈에 띄지 않게 숙소에서 조
목사를 기다리고 있다가 곧 숙소에 도착한다는 문자를
받으면 깨끗하게 몸을 씻었다. 여자라면 마땅히 해야 할

일이라고 그녀는 그렇게 굳게 믿었다. 자신의 육체가 존엄성을 잃어가고 있다는 사실은 전혀 알지 못한 채.

그렇게 예진은 스며들 듯 에로스적 육체를 알아버렸다. 그 짜릿한 쾌락을, 오르가슴을, 처음 온전하게 느낀 어느 날 예진은 마음속으로 외쳤다.

'나의 육체와 정신을 이토록 기쁘게 해줄 수 있는 사람은 이 세상에서 조현세 목사님이 유일해.'

*

주중엔 조 목사를 따라다니느라 바빴던 예진은 주일이 되면 주일예배로 조 목사를 만났다. 예진에게 조 목사의 말씀은 곧 하나님의 말씀이었다.

"성도 여러분, 오늘은 구원의 진리를 전하려고 합니다."

교단에 선 조 목사를 바라보며 예진은 그의 설교를 한 문장도 빠트리지 않고 들으려 귀를 기울였다.

"고대 그리스인들은 세상의 원리를 4가지로 이해했습니다. 흑암과 허공을 뜻하는 카오스(Chaos)의 원리, 원초적 질료(대지)인 가이아(Gaia)의 원리, 생명을 위한 결합인 에로스(Eros)의 원리, 그리고 카오스의 처녀생식으로 생겨난 에리스(Eris), 즉 불화의 원리입니다. 이 중에서 우리가 살아가는 데 피할 수 없는 원리는 에로스와 에리스입니다. 이는 신들과 영웅에게도 적용됩니다."

조 목사의 설교에 따르면 신들의 왕 제우스조차 끊임없이 변신하며 처녀, 독신녀, 유부녀, 왕비, 공주, 미소년들과 가리지 않고 연애를 했고 자식이 칠십 명이나 되었다고 한다.

하긴, 성경에도 상식에 어긋나는 그런 내용이 있다. 마태복음 1장 예수의 족보에는 5명의 여성 이름이 등장한다. 이들은 모두 제우스처럼 성적 스캔들의 주인공인데, 그 종류도 시아버지와 관계하여 자식을 낳은 과부 며느리 다말, 이방 여인 기생 라합, 과부 이방 여인 룻, 전쟁에 나간 남편 몰래 왕과 간음한 밧세바, 처녀 몸으로 혼전 임신한 마리아 등 다양하다. 세간의 통념으로 이해하기 힘든 이 대목을 조 목사는 이렇게 해석했다.

"성도 여러분. 그러나 혈통으로 보면 예수는 다말, 라합, 룻, 밧세바, 마리아의 자손입니다. 부정한 여인들을 통해서 로고스인 예수가 탄생했다는 것은 정말 파격적이지 않습니까? 정말 기절초풍할 내용입니다. 그만큼 하나님의 구원은 윤리적인 통념을 넘어서는 것입니다."

'윤리적 통념을 넘어선다.'

예진은 존경하는 목사의 파토스가 넘치는 설교에 고개를 끄덕였다. 그의 설교를 듣고 있자니 마치 자신은 광활한 우주 공간에서 짧은 시각에 떠돌다 사라질 먼지와 티끌같이 느껴졌다. 그럴수록 하나님의 말씀을 전하는 조 목사에게 의지해야겠다는 생각이 강하게 들었다. 조 목사에 대한 부담이 가시며 마음이 가벼워졌다. 설령 임신한다고 해도 감당하겠다는 마음마저 생겼다.

*

에로스는 성적 영역이고 로고스는 이성적 영역이다. 신약성경에는 예수 탄생의 의미를 태초에 계신 '로고스'였다고 해석했다. 그러나 인간에게는 로고스 말고 에로스적인 원초적 본능이 있다. 교회는 남녀 간의 사랑인 에로스적 사랑보다 신이 인간을 대하는 사랑인 아가페적 사랑을 이야기한다.

그러나 조 목사는 예진에게 또 다른 사랑을 알려줬다. '하나님이 우리에게만 허락한 특별한 사랑'. 그는 그 사랑 아래 예진에게 행복을 강요했다. 행복과 사랑을 세뇌당한 예진은 조 목사의 성적 노리개가 되었지만 자신이 사랑받고 있는 행복한 여자라고 착각했다.

그랬기에 예진은 조 목사가 가정이 있는 유부남이라는 사실을 알고 있으면서 조용하게 참고 인내했다. 그가 자신을 위해 어떤 결정을 내려줄 거라고 굳게 믿었다. 하지만 비밀스러운 만남과 사람들의 시선을 피해야 하는 상황들이 오랫동안 이어지자 예진의 마음은 조급하고 답답해졌다.

"목사님. 전 목사님 사랑하는 거 후회하지 않아요."

"갑자기 왜 그런 이야기를 하지?"

"그런데 목사님⋯."

예진이 평소답지 않게 말을 꺼내자 조 목사는 웃음기가 싹 가신 진지한 얼굴로 예진을 보았다.

"내가 불편해진 거야?"

"아니요. 전 목사님을 진심으로 사랑해요. 그래서 설령 불편한 것이 있더라도 저는 그것이 불편하다고 생각하지 않아요."

"불편한 것이 있더라도⋯?"

조 목사의 미간이 흔들렸다. 예진은 그런 조 목사의 표정에 잔뜩 긴장했지만 오늘은 반드시 할 말을 해야겠다고 생각하고 다시 말을 이어갔다.

"사람은 사회적 동물이잖아요. 사회 안에서 통용되는 질서가 있는데 그건 그냥 관념에 불과한 건가요?"

"우리 어렵게 이야기하지 말자."

"저와 목사님 사이요…."

"지금 우리 관계의 윤리에 대해 말하고 싶은 건가?"

조 목사는 타이르듯 차분한 목소리로 예진에게 말했다.

"네… 목사님. 윤리적인 것이요. 지금 제가 저지르고 있는 이 불륜을 과연 사랑이라는 이름으로 용서 받을 수 있을지…."

예진은 기어이 고개를 떨구었다. 조 목사는 난감했지만 이럴 때일수록 강하게 그녀의 마음을 통제해야 한다고 생각했다. 두 사람 사이에 잠시 정적이 흘렀다.

"예진이는 나와 행복하지 않아?"

"아뇨…."

고개를 저으며 예진이 울었다. 그녀는 조 목사를 정말 사랑하고 있었다.

"언제까지 이렇게 아무도 모르게 목사님을 만나야 하는 건지 모르겠어요."

예진은 조 목사의 품에 안겨 펑펑 울었다. 조 목사는 예진을 꼭 끌어안았다. 그리고 울고 있는 예진의 옷을 벗겼다.

"목사님. 지금은… 죄송해요. 지금은 싫어요."

조 목사는 두 손으로 예진의 어깨를 꽉 쥐고 흔들었다.

"싫어요. 목사님."

예진은 속옷을 움켜잡고 저항했다. 자신의 질문에 대한 조 목사의 대답을 듣지 않고 오늘은 도저히 몸을 섞을 수 없었다. 조 목사는 저항하는 예진을 밀어 침대에 눕혔고 힘으로 옷을 찢었다. 옷이 찢긴 예진은 두 손으로 얼굴을 가려 버렸다. 정말 이게 사랑일까. 하나님의 뜻일까. 도저히 조 목사의 얼굴을 바라볼 수 없었다.

조 목사는 얼굴을 가린 예진의 손을 거칠게 잡아치웠다. 그리고 저항할 힘도 없는 슬픈 짐승이 되어 누워 있는 예진을 똑바로 바라보면서 말했다.

"나 이혼할 거야."

예진의 눈이 똥그래졌다.

"박예진. 넌 내 아내가 되고 사모가 될 거야."

예진의 어깨 힘이 스르르 풀렸고 조 목사의 신체가 강하게 예진의 몸을 파고들어 왔다. 어떤 날보다도 강하게 조 목사는 자신의 몸을 밀어 넣었다. 마치 운동으로 스트레스를 풀 듯 조 목사는 지나칠 정도로 침대 위에서 에너지를 폭발했다.

조 목사의 행위를 받아내는 예진의 몸이 떨렸다. 그것이 그가 해준 대답에 대한 기쁨인지 육체적 홍분인지 그녀는 구분할 수 없었다. 하지만 한 가지는 분명했다. 그날 이후, 조 목사를 향한 예진의 사랑이 더 깊어졌다 는 것!

*

"그날. 얼마나 심하게 섹스를 했는지 아래가 다 찢어 졌었어. 집에 돌아와 보니 속옷에 피가 묻어 있었거든."

응급실에서 일반 병실로 옮긴 예진은 어느 정도 안정 을 찾은 얼굴이었다. 당장 퇴원을 할 순 없었지만 혈색 이 돌아왔고 조금 전 약간의 죽으로 식사도 마쳤다.

"아팠을 거 아냐?"

예진에게 따뜻한 보리차를 한 잔 따라주며 경미가 물 었다. 경미는 며칠간 예진의 옆에 있을 작정이었다. 경 미가 따라준 보리차와 함께 약을 꿀꺽 삼킨 예진이 담담 하게 말했다.

"아팠는데 좋았어."

"아픈 게 좋았다고? 그게 말이 돼?"

"그의 흔적이라고 생각했어. 화석같이 그가 내 몸에 남긴 사랑의 흔적. 약속 같은 것."

"난 대체 무슨 소리인지 모르겠다."

"아픔이 느껴질 때마다 느꼈지. 아, 그가 내 육체를 선택했구나. 나는 정말 그의 것이구나. 모두가 흠모하는 대단한 분인데 나와 함께 밥을 먹고 날 안아주고 날 위로해주고 사랑해주고 내 몸까지 모두 만져준다는 것. 그래서 나는 아픔을 기쁘게 생각했어."

"그는 너를 귀하게 대하지 않았어. 네 몸을 함부로 다뤘다고."

"맞아. 세상에서 나를 제일 아껴주는 사람은 조 목사님이니까 나에게 함부로 할 수 있는 사람도 그 사람뿐이라고 생각한 거야. 나는 흔쾌히 그에게 나를 파괴할 권리를 주었던 것 같아."

"설마… 너를 때리기도 했었니?"

예진은 그때의 기억이 고통스럽게 떠오르는 듯 눈을 감았다.

"아니지? 예진아. 난 그것까진 아니었으면 좋겠어."

"그날, 비가 왔었어."

*

"예진아."

집에 거의 다다랐을 때, 골목길 저쪽에서 누군가 부르는 소리가 들렸다. 남자 목소리였다. 해가 이미 지고 난 뒤 어둑어둑할 무렵이었기 때문에 예진은 자신을 기다리고 있던 사람이 누구였는지 한 번에 알아보기 힘들었다.

"누구세요?"

"나야. 한성준."

"성준 오빠."

성준은 예진이 다니는 대학원 선배였고 같은 교회에 다니는 청년이었다. 오랜 시간 학교와 교회에서 오가며 서로를 잘 아는 사이였지만 개인적으로 따로 만나는 사이는 아니었기 때문에 예진은 그의 등장이 새삼 놀라웠다. 게다가 그가 자신의 자취 방까지 찾아올 일은 더더욱 없었다.

"누굴 만나고 들어오는 길이니?"

조심스러운 질문일 법도 한데 성준의 말투는 추궁하듯 직설적이었다. 조 목사를 만나고 오는 길이었던 예진은 애써 당황스러움을 숨겼다.

"약속이 있어서요. 그런데 오빠가 여기는 무슨 일이에요?"

"안에 들어가서 이야기 좀 했으면 좋겠는데."

"우리 집에요?"

"그래. 실례가 되지 않는다면 말이야."

예진이 망설이자 성준이 피식 웃었다.

"쓸데없는 짓 안 해. 밖에서 이야기하기가 좀 어려워서 그러는 거야."

예진은 겸연쩍게 따라 웃었다. 그때 하필이면 빗방울이 떨어지기 시작했다. 비가 내리는데 우산도 없이 그냥 돌려보낼 수도 없는 노릇이었다. 어쩔 수 없이 예진이 말했다.

"비가 와요. 일단 안으로 들어가요. 오빠."

두 사람이 안으로 들어오자 거짓말같이 비가 쏟아지기 시작했다. 금방 그칠 것 같지 않은 장대비가 예진의 집 창문을 사정없이 때렸다. 성준이 빗소리가 울리는 거실 식탁 의자에 앉아 몸에 묻은 빗물을 닦아내는 동안 예진은 믹스커피를 타기 위해 전기 포트에 물을 끓였다. 보글보글 포트가 끓어오르는 소리가 빗소리와 경쾌하게 섞였다. 그 소리를 들으며 예진은 문득 생각했다.

'어쩌면 내 또래 친구들이 하는 연애는 이런 것들일 거야. 나처럼 복잡하지 않고 무겁지 않고. 포트의 물처럼 가볍게 금방 뜨거워지지 않는.'

사실 예진이 감당하고 있는 사랑의 무게는 또래의 젊

은 사람들이 나누는 사랑의 무게와는 너무 달랐다. 그녀는 조 목사와의 만남에 너무 많은 의미를 부여했고 그것이 하늘의 뜻이라고 생각했기 때문에 인생의 전부를 걸고 있었다. 그것은 한 번도 사랑을 제대로 해본 적 없는 20대 여자가 감당하기엔 참 가혹한 것이었다.

성준은 예진이 내미는 커피를 후후 불며 마셨다. 할 말이 있어 보였지만 그는 커피 한 잔을 다 비울 때까지 아무 말 없이 커피만 마셨다. 예진은 그를 가만히 기다렸다. 드디어 그가 입을 열었다.

"너, 조 목사님 만나니?"

갑자기 온몸의 신경이 쭈뼛 선 채로 굳어졌다. 커피잔을 든 예진의 손이 조금 떨렸다. 그걸 들키지 않으려고 예진은 숨을 꾹 참았다. 창밖의 빗소리보다 심장이 뛰는 소리가 더 커서 모든 게 들통날 것만 같았다. 예진은 잠깐만 심장이 멈추었으면 좋겠다고 생각했다.

"조 목사가 널 건드려?"

"…오빠. 무슨 말을 하는 거예요?"

"솔직히 말해. 솔직하게 말하면 내가 도와줄 수 있어."

"아니에요. 조 목사님은 가정이…."

예진은 더 이상 말을 잇지 못하고 커피 대신 침을 꿀꺽 삼켰다.

"그래. 조 목사는 유부남이지."

"그걸 왜 저한테 물어보는 거예요?"

성준은 심각한 표정으로 예진의 눈을 뚫어지게 봤다. 예진은 그 눈길을 피하고 싶었지만 일부러 꼿꼿하게 마주 보았다. 눈길을 피하면 성준이 왠지 조 목사와의 만남을 인정한다는 의미로 받아들일 것 같았기 때문이다.

"정말 아니지?"

예진은 고개를 가로저었다. 성준이 자리에서 일어났다.

"고마워. 커피 잘 마셨어."

그는 우산도 없이 그대로 현관문을 열고 밖으로 나갔다. 예진은 한 방 맞은 듯 멍하게 성준이 가는 뒷모습을 바라보기만 했다. 비가 많이 온다고, 우산을 가져가라고 말하고 싶었지만 어떤 말도 나오지 않았다. 두어 걸음 걷던 성준이 걸음을 멈추고 뒤를 돌아보더니 마지막으로 말했다.

"혹시라도 절대. 조 목사 만나지 마라. 그리고 도움이 필요하면 언제든지 나한테 말하고."

*

‘왜 그랬을까.’

조 목사가 아무것도 묻지 않았는데. 먼저 말하지 않았
다면 아무것도 몰랐을 텐데. 무언가에 홀린 듯 예진은
조 목사에게 그날 성준이 왔다 간 이야기를 털어놓았다.
이야기를 듣는 동안 조 목사가 미간을 여러 번 찌푸렸
다. 그 모습을 보면서 예진은 아무 잘못을 하지 않았으
면서 모든 게 자기 잘못인 양 고개를 숙였다. 혹시라도
조 목사의 기분이 상했을까 봐, 그가 화를 낼까 봐, 예진
은 이야기하는 내내 조 목사 눈치를 봤다.

"하나도 빠짐없이 모두 이야기해 봐."

조 목사의 말에 예진은 가슴이 철렁했다. 그가 몹시
화난 것 같았기 때문이다.

"그냥… 그게 다예요."

"네가 잘못한 건 뭐지?"

예진은 혼란스러웠다.

‘내가 잘못한 게 뭘까? 내가 잘못한 게….’

예진은 조 목사의 질문에 답하려고 없는 죄를 애써 찾
기 시작했다. 그가 노여워하는 이유가 분명 있을 것 같
았다. 그리고 그 이유는 왠지 자신 때문일 거라는 생각

이 들었다.

"천박하구나. 박예진."

예상치 못한 조 목사의 말에 깜짝 놀란 예진이 억울한 표정으로 조 목사를 바라봤다.

"늦은 시간에 남자를 집 안으로 들어오게 하다니."

"목사님. 그런 게 아니라 아까 말씀드렸듯이…."

조 목사는 예진의 말을 더 듣지도 않고 거칠게 예진의 옷을 벗겼다. 얼마나 거칠게 그녀를 대했는지 단추가 떨어지고 몸에는 생채기가 났지만 그는 아랑곳하지 않고 순식간에 예진을 알몸으로 만들었다. 예진은 죄인처럼 떨었다. 무서웠고 어디서부터 잘못됐는지 알 수가 없었다. 하지만 지금 이 공간 안에서 분명한 사실은 하나였다. 나 때문에 목사님이 화가 났다는 것.

"나만 사랑한다고 맹세했잖아."

"정말이에요. 저는 목사님만 사랑해요."

"그런데 한성준이랑 단둘이 마주 앉아서 나를 의심했나?"

"절대요. 절대 아니에요."

"집에서. 그것도 해가 졌는데 말이야."

"목사님. 제발."

"가정을 깰 만큼 널 사랑하는 내가 우습군."

"잘못했어요, 목사님. 아시잖아요. 제가 얼마나 사랑하는지."

예진은 혹시나 조 목사가 자신을 떠날지도 모른다는 생각에 그를 붙잡고 애원했다.

"네 잘못이지?"

"용서해주세요."

"그렇다면 증거를 남기도록 하자."

조 목사는 핸드폰 동영상을 켰다.

"잘 들어 예진아. 악마의 시험에 들지 말렴."

그는 예진의 알몸을 찍기 시작했다. 예진은 인형처럼 고개를 끄덕였다.

"이리 와서 나를 기쁘게 해줘."

조 목사는 여전히 핸드폰을 든 채 자신의 성기를 예진을 향해 내밀었다. 예진은 가만히 다가와 무릎을 꿇고 조 목사의 성기를 입으로 애무했다. 조 목사가 자신을 찍고 있다는 걸 알았지만 별수 없었다.

2

지나와 지연 그냥 데리고 노는 애

똑똑—

누군가 기독교여성상담소 문을 두드렸다. 막 책상을 정리하고 일어나려던 백 소장은 노크 소리를 듣고 벽에 걸린 시계를 쳐다봤다. 6시 30분. 상담을 하기엔 조금 늦은 시간이었다. 그때 다시 노크 소리가 들렸다.

"들어오세요."

책상에 다시 앉으며 백 소장이 대답하자 조심스럽게 상담소 문이 열렸다. 빼꼼 고개를 내밀고 젊은 여자가 안으로 들어왔다.

"어서 오세요. 여기, 이리로 와서 앉으세요."

백 소장이 맞은편 의자에 앉기를 권했다. 찾아온 여자는 백 소장이 권한 의자에 앉으며 말했다.

"상담소 문을 두드리기까지 이 앞에서 몇 시간을 망설

였어요. 늦은 시간이라는 건 알지만, 죄송합니다. 오늘 털어놓지 않으면 영원히 못 할 것 같아서요."

"아니요. 정말 잘 오셨어요. 이곳은 언제든지 열려 있습니다. 차 한 잔 드릴까요?"

"괜찮습니다. 그런데 부탁이 있어요."

"네. 말씀하세요."

"제 이야기를 녹음해 주세요."

"녹취를 원하신다는 거죠?"

"네…. 혹시라도 나중에 증거가 필요할 수도 있을 것 같아서요. 이 이야기를 두 번은 반복해서 말하고 싶지 않거든요."

백 소장은 핸드폰 녹음기능을 켜고 여자가 볼 수 있도록 책상 위에 올려놓았다.

"시작하시죠."

"성폭행 피해자는 두 명입니다."

젊은 여자가 고개를 떨궜다.

"증거가 있습니까?"

"제가 바로 증거입니다."

*

　유지나. 그녀는 7살 때 미국으로 온 가족이 이민을 간, 재미교포 가정의 자녀였다. 25년 전에 갔으니 그녀의 나이는 올해 32세였다. 그녀의 부모님은 많은 이민 가정이 그렇듯 가게를 열고 장사를 시작했다. 지역에서 제법 큰 식료품점이었다.

　미국이란 나라는 땅은 넓디넓지만 이민 사회는 좁고도 좁은 바닥이었다. 게다가 미국 이민자들이 새로운 터전에 하루라도 빨리 편안하고 안정적으로 정착하려면 한인교회의 도움은 필수적이었다. 머나먼 타국에서 사람들과 교류하고 이민 생활에 필요한 거의 모든 정보를 얻을 수 있는 곳이 바로 한인교회였다. 이민자들에게 한인교회는 싫든 좋든 삶에서 중요한 부분을 차지할 수밖에 없는 구조였고, 그렇게 교회를 중심으로 구축된 교포들의 생활은 자유의 나라답지 않게 폐쇄적이었다.

　지나의 집도 그런 이민 가정과 별다를 게 없었다. 그녀에겐 두 살 터울의 언니, 지연이 있었는데 두 자매는 아직도 미국에 도착한 첫날 공항에서의 풍경을 똑똑하게 기억하고 있다. 그들 가정의 미국 이민을 환영하기 위해 마중 나왔던 한인교회 사람들.

그날 지나와 지연 자매는 조현세 목사를 공항에서 처음 만났다. 그때 그는 목사가 아닌 유학생 신분의 신학도였다. 하지만 조현세란 사람은 상당히 인상 깊은 남자였고 7살밖에 되지 않은 어린 지나의 눈에도 멋진 청년으로 보였다.

미국에 도착해 본격적인 생활을 시작하면서 그녀의 부모는 큰딸 지연과 작은딸 지나에게 교회에서 늘 행동을 조심하라고 당부했다.

"한인 사회에서 한번 소문이 잘못 나면 큰일 나. 한국이 제일 좁은 나라인 줄 알았는데 여기 바닥이 더 좁아."

지나의 엄마는 생각했다. 한국은 좁다고 아메리칸 드림을 꿈꾸며 멀리 이 넓은 미국 땅으로 떠나왔는데 여기에서도 이토록 좁은 울타리 안에 갇혀 살아야 하는 걸까. 그러면서도 지나의 엄마와 아빠는 툭하면 이런 말을 했다.

"한인교회 없으면 교민 사회에서 장사하기 힘들지."

다행히 자매는 미국 이민 생활에 잘 적응했다. 다른 가정들이 그렇듯 그녀들도 미국 국립 학교에 들어갔고, 방과 후엔 부모님을 도와 가게에서 잔심부름을 했으며, 주말이 되면 한인교회에 나가 열심히 사람들과 어울렸다.

날씨가 좋은 날엔 가끔 예배가 끝나고 교인들끼리 근교 공원에 모여 질 좋은 소고기와 소시지를 구워 먹었다. 지나와 지연은 그 시간을 무척 좋아했다. 미국 소고기와 소시지는 맛있었고 사람들은 함께 모여 바비큐를 즐기며 저마다의 향수를 달랬다.

식료품점을 운영하는 지나의 부모님은 그때마다 시원한 음료를 제공했는데 언제나 인기 만점이었다. 덕분에 부모님의 가게엔 단골손님도 많이 생겼다.

"한인교회와 문제없이 원만하게 생활해야 장사며 인간관계며 교민 사회에서 문제가 없는 거야."

지나의 부모님이 입에 달고사는 말이었다.

조현세는 그런 한인교회에서 유독 눈에 띄는 청년이었다. 명문 신학대에서 박사학위까지 취득한 엘리트였던 그는 졸업하고 최연소 목사로 부임한 지 3년 만에 미국 내 최대 규모를 자랑하는 대형 한인교회 담임목사 자리에 올랐다.

그의 미래가 탄탄한 만큼 그의 영향력도 절대적이었다. 조현세는 교인들의 자랑이었다. 많은 교인이 그를 흠모했고 따랐다. 젊고 유능한 조 목사를 보며 그의 사모가 되고 싶어 기도하는 청년들도 많았다.

그런 그가 느닷없이 한 살 어린 미모의 여성과 결혼했을 때 뒤에서 남몰래 눈물을 흘렸던 여인들이 많았다는 건 교회 안에서 공공연한 비밀이었다. 아무튼 조현세 목사는 완벽하게 안정된 가정까지 이룬, 교민 사회에서 귀감이 되는 젊은 목사였다.

지나는 조 목사가 성공한 목회자로 성장하는 모습을 어릴 적부터 지켜보면서 자랐다. 어린 마음에 그가 정말 멋진 남자라고 생각했다.

"언니. 조 목사님 정말 멋있지?"

"맞아. 잘생겼지, 똑똑하지, 성격도 좋으신데 말씀도 잘하시고. 정말 완벽한 남자 같아."

"조 목사님이 우리 교회 목사님이라는 게 자랑스러워."

"지나야. 난 나중에 크면 조현세 목사님 같은 남자와 결혼하고 싶어."

"나도 그래, 언니."

자매는 침대에 누워 서로가 서로에게 남자 보는 눈이 너무 높은 거 아니냐며 깔깔대며 놀리고 웃었다.

추수감사절을 앞둔 어느 날이었다. 평소와 다르게 집

안 분위기가 분주했다. 가게에 있어야 할 엄마가 온 집안을 뒤집어엎으며 대청소를 하고 있었고 주방엔 비싼 식재료들이 잔뜩 쌓여 있었다. 엄마를 도와 집안일을 하던 지연이 뒤늦게 귀가한 지나에게 잔뜩 부푼 표정으로 말했다.

"지나야. 조현세 목사님께서 추수감사절에 우리 집에 오신대."

*

조 목사가 추수감사절에 지나의 집을 방문했던 그해, 지나는 15살, 언니 지연은 17살이었다.

자매는 조 목사가 집에 왔던 그 날을 잊을 수 없었다. 부모님의 말씀에 따라 가장 예쁜 옷을 입고 가장 밝은 표정으로 그를 환대했던 날. 그날은 바로 두 자매가 조현세 목사에게 처음 성폭행을 당한 날이었다.

*

지연은 2층 화장실에 있었다. 맛있는 음식이 많았지만 긴장한 탓인지 그날따라 소화가 잘 안 됐고 속도 좋지 않았다. 그녀는 2층에 혼자 올라가 차가운 물로 세수를 하고 심호흡을 했다. 그리고 거울을 보며 젖은 얼굴을 닦아내고 있는데 똑똑, 누군가 화장실 문을 두드렸다.

손님이라면 1층 화장실을 사용할 테고 평소에도 2층 화장실을 사용하는 건 동생과 자신뿐이었기 때문에 지연은 노크하는 사람이 당연히 동생 지나라고 생각했다.

"잠깐만. 아직이야."

지연은 심드렁하게 대답했다. 몇 초 후, 다시 똑똑 소리가 들렸다.

"왜 그러는데? 급한 일이야?"

지연은 얼굴을 닦던 타월을 든 채 무심하게 화장실 문을 열었다. 그런데 화장실 앞에 선 사람은 지나가 아닌 조 목사였다.

"목사…님?"

"쉿!"

조 목사는 검지를 자기 입에 갖다 대며 지연에게 조용히 하라는 신호를 보냈다. 지연은 의아했지만 조 목사가 시키는 대로 입을 다물고 조용히 그를 쳐다봤다. 아래층에서 무슨 일이 일어난 걸까? 왜 목사님이 2층에 혼자 올라오셨을까? 지연이 속으로 생각하고 있는데 조 목사가 그런 지연을 그대로 화장실 안으로 밀고 들어왔다.

"목사님. 여기는 화장실…."

"조용. 조용히 하라고."

처음 보는 조 목사의 웃음기 없는 얼굴이었다. 그는 느닷없이 지연을 돌려세우고 뒤에서 끌어안았다.

"그동안 너를 향한 내 마음을 도저히 참을 수가 없었어."

조 목사는 아주 낮게 지연의 귀에 속삭였다. 그리고 거칠게 그녀를 벽으로 밀고 치마 속으로 손을 집어넣었다. 지연은 몸부림을 치며 저항하는 동시에 손님 중 누군가 이 소리를 들을까 봐 걱정되기도 했다. 소리를 지를 수도, 가만히 있을 수도 없는 상황이었다. 그러는 사이 벌써 그녀의 팬티는 다 벗겨져 있었다.

조 목사는 지연에게 강제로 세면대를 붙잡게 했다. 17살 지연은 엉겁결에 그의 힘이 시키는 대로 허리를 숙이고 서 있었다. 조 목사는 한 손으로 지연의 입을 막았다. 그리고 자신의 성기를 힘차게 그녀의 몸 안으로 밀어 넣었다. 젊은 남자의 힘은 너무 강했고 17살 소녀가 할 수 있는 일은 없었다.

지연이 눈물이 줄줄 흐를 만큼 큰 통증을 느끼는 동안 1층에서 추수감사절 식사를 즐기던 그 누구도 2층에서 그런 일이 벌어지고 있다는 것을 눈치채지 못했다. 그녀는 강력한 힘을 가진 남자의 손에 입이 틀어 막힌 채 그렇게 강간당했다. 사정을 마친 조 목사가 바지를 올려 여미며 울고 있는 지연에게 말했다.

"미안해. 네가 너무 예뻐서 그런 거야."

조 목사는 아무렇지 않게 화장실 밖으로 나가 버렸지만 지연은 한참 동안 화장실 바닥에 앉아 소리조차 내지 못한 채 울어야만 했다. 너무 아팠고 너무 무서웠지만 누구에게도 말할 수 없다는 것을 17살 소녀는 알고 있었다.

교회에 소문이 나면 떠나야 할 사람은 조 목사가 아니라 지나네 가족이었다. 그게 교민 사회의 룰이었다.

*

한편 지나는 지연을 상대로 한바탕 욕구를 풀고 나온 조 목사를 2층 복도에서 기다리고 있었다. 지나는 분명하게 목격했다. 화장실엔 언니가 들어갔고 언니가 나오지 않았는데 조 목사가 화장실 안으로 들어가는 것을. 남자와 여자가 같이 화장실에 들어가 한동안 나오지 않는 이유를 지나는 알고 싶었다. 지나가 물었다.

"언니는요?"

뜻하지 않게 지나를 마주친 조 목사는 순간 당황했다.

"화장실에 아직 언니가 있는 거 같은데. 언니에게 무슨 일이 있었나요?"

지나가 다시 물었다.

"궁금하니?"

"네. 목사님."

"어떤 일이 있었는지 알려줄게."

조 목사는 2층 방 중 문이 열려 있는 자매의 방으로 지나를 끌고 들어가 문을 잠갔다. 그리고 조금 전 지연에게 했던 행동을 지나에게 똑같이 다시 한번 반복했다.

*

'연대'

함께 무슨 일을 하거나 함께 책임을 지는 것.

한 덩어리로 서로 연결되어 있는 것.

같은 날, 똑같이 처참한 일을 당한 지연과 지나는 서로 모든 걸 알았지만 모든 걸 알았기 때문에 절대 모르는 척 아무 말도 하지 않았다. 그날 두 사람은 서로에게 말을 걸지 않았다. 그들은 어떤 말도 할 수 없었고 어떤 말도 건넬 수 없었다. 내 마음이 네 마음이었고 네 마음이 내 마음이었기 때문에. 그녀들은 데칼코마니처럼 똑같은 모양의 상처를 품고 나란히 누워 있었다. 그 순간만큼은 서로가 모르는 척, 아무 일 없는 척하는 것이 그들에겐 연대였다.

지나는 불이 꺼진 방 침대에 누워 지금 언니가 뭘 하고 있는지 보지 않고도 알 수 있었다.

"그날. 언니와 나는 불 꺼진 방에서 서로 아무 말도 하지 않고 각자 천장을 보고 똑바로 누워 울었어요. 우는 소리가 들리면 혹시라도 서로에게 상처가 될까 봐. 껵껵 넘어오는 울음소리를 죽을 만큼 참으면서 조용히 눈물만 흘렸죠. 말하지 않아도 나는 알았어요. 언니의 베갯잇이 흠뻑 젖었다는 걸. 왜냐면. 제 베개도 솜까지 다 젖었었거든요."

백 소장은 유지나의 고백을 들으며 가슴이 짓눌리는 고통을 느꼈다. 백 소장은 마주 앉아 있는 32살 지나를 꼭 끌어안아 주었다. 그리고 상처받았던 15살 지나를 위해 진심으로 기도했다.

"아멘."

백 소장의 기도가 끝나자 지나가 말했다.

"소장님. 근데 그게 끝이었다면 얼마나 좋았을까요."

*

　교회 시스템은 목사를 권력의 피라미드에서 최고 위력을 가진 자로 만들어 주었다. 목사가 가진 권력은 실로 막강했다. 그 권력은 단순한 힘과는 차원이 달랐다. 목사의 위력은 인간의 정신과 철학, 삶의 의미와 존재 이유까지 지배하는 것이었다. 교인들은 목사를 하나님처럼 믿고 따랐기 때문에 목사의 위치에서 교인들을 상대로 성적 욕망을 해결하는 일은 너무나 쉬웠다. 여자 교인들에게 목사는 거룩해 보였고 신성한 존재였기 때문이다.

　그루밍.

　정신적으로 길들인 뒤 자행하는 성범죄인 그루밍 수법은 그렇게 교회 안에서 만연했다. 목사들은 특히나 어린아이 같은 믿음을 강조하며 여자들을 심리적 유아 상태로 만들었고, 자신의 말과 행동에 절대적으로 의존하고 애착하게 했다.

　지연과 지나 자매는 미성년자였다. 조 목사의 행동

은 명백한 범죄였다. 그녀들은 금치산자가 아니었다. 미성년자였지만 조 목사의 행동이 반인륜적 범죄라는 사실을 분명히 알고 있었다. 하지만 두 자매가 침묵으로 반복되는 고통을 감당했던 건 바로 이민자로서 타국에서 뼈가 부서져라, 일하며 고생하는 부모님 때문이었다.

"어떻게 자리 잡은 가게인데."

"교회가 도와주지 않았으면 정착하기 힘들었을 거야."

"조 목사님 덕이 크지."

"정말 하나님께 감사할 일이야."

지연과 지나의 부모님은 자주 모든 게 하나님의 은혜라고 말했다. 그러니 애당초 조 목사와 그녀들은 평등한 관계가 아니었다.

*

"엄마. 우리도 꼭 가야 해?"

조 목사의 집에 가족 모두가 초대받았다는 말에 지연이 불안한 표정을 지었다. 딸들의 상황을 모르는 엄마는 조 목사가 크리스마스 파티에 가족을 초대했다며 마냥

기뻐했다.

"무슨 소리야. 목사님이 부르는데 당연히 가야지."

"몸이 좀 안 좋아서 그래. 감기 기운인지 음식 때문에 탈이 났는지. 자꾸 배도 아프고."

"언니도 그래? 나도 미열이 좀 있는 거 같아. 설사도 하고. 식중독 같은 건가?"

"겨울에 무슨 식중독이야."

엄마는 황당하다는 말투로 말했다.

"이상하게 춥고 식욕도 없고. 나만 그런 줄 알았는데 지나 너도 그런가 봐? 엄마. 우리는 집에 있을 테니까 엄마랑 아빠만 다녀오면 안 될까?"

지연이 거의 울상이 되어 말했다. 엄마는 딸들의 이마를 손으로 짚어보더니 열감이 느껴지지 않자 대수롭지 않게 말했다.

"수납장에 종합감기약 있어. 감기 초기엔 그게 직방이야. 그리고 목사님이 너희들과 꼭 같이 오라고 신신당부하셨는데 초대를 거절하는 것도 예의가 아니지."

우리를 꼭 데려오라고 했다고? 자매는 동시에 속으로 절망스럽게 외쳤다.

'오! 하나님.'

지나는 말 없이 언니 지연의 얼굴을 보았다. 우리를

꼭 데려오라는 그 말이 무슨 의미인지 예감하고 있는 언니는 거실 창밖으로 고개를 돌린 채 눈을 질끈 감고 있었다.

*

"저는 그때 이런 생각을 했어요. 착한 우리 언니, 나보다 더 예쁘고 나보다 더 공부도 잘하는 언니는 차라리 그냥 두고 조 목사가 나만 건드리면 좋겠다고."

그때까지 담담하고 차분하게 이야기하던 지나의 눈시울이 빨갛게 젖어 들었다. 이 엄청난 이야기를 털어놓기 위해 비행기를 타고 고국으로 돌아온 그녀의 심정을 백 소장은 이루 다 헤아릴 수가 없었다. 유지나는 다시 이야기를 이어갔다.

"조 목사 집으로 가는 차 안에서 나랑 언니는 아무런 말도 하지 않았어요. 출발부터 도착까지. 어차피 그 남자 앞에서 우리에게 존엄이란 없었으니까. 우리끼리라도 침묵으로 서로를 지켜주려고 애썼어요. 그 당시 저희에게 가장 좋은 처방은 침묵이었습니다. 침묵은 수치스러운 기분을 덮어줬고 기억을 최대한 떠올리지 않을 유일한 방법이었어요."

백 소장의 눈에서도 뜨거운 눈물이 흘렀다.

"그 아픔을 다 헤아릴 수 없지만 어떻게든 제가 지나 씨를 도와드리고 싶어요. 그리고 조 목사를 대신해서 제가 먼저 사과드리고 싶어요. 죄송합니다. 유지나 씨."

"저는 괜찮습니다. 제가 정말 고통스러운 건 저 때문이 아니에요. 그 이후, 언니의 삶 때문입니다."

*

그 뒤로도 자매는 조 목사에게 자주 추행을 당했다. 특히 조 목사는 지나보다 지연에게 훨씬 더 많은 관계를 원했다. 17살이 지나고 18살이 된 지연은 원래 타고난 얼굴도 예뻤지만 몸도 제법 성숙했다. 조 목사는 그런 지연을 향한 성욕을 주체할 수 없었다.

끔찍한 시간을 보내고 성인이 되어 먼저 그 마을을 떠난 건 지연이었다. 그녀는 조 목사를 피해 일부러 최대한 멀리 떨어진 대학으로 진학했고 그렇게 드디어 조 목사의 시야에서 벗어났다. 조 목사의 본래 목적이 애당초 지나가 아닌 지연이었던 것인지 지연이 교회를 떠나자 조 목사는 더 이상 지나를 건드리지 않았다. 자매는 한 세트 패키지였을 때 값이 나가는 상품이었는데 짝이 사라지자 더 이상 필요 없는 물건이 돼 버린 셈이다. 상품 값어치가 떨어지고 나서야 드디어 지나는 그에게서 해방될 수 있었다.

지나는 조 목사 사건을 성장기의 에피소드나 지나가는 고통쯤으로 치부하려고 애썼다. 그래야 상처를 덮고 살아갈 수 있었으니까. 별것 아닌 일이라고, 더 이상 꾸지 않아도 되는 악몽이라고, 지나는 주문처럼 스스로 되뇌었다.

그렇게 성장한 그녀는 철저하게 남자를 불신했다. 누구와도 연애하고 싶지 않고 누구에게도 이성으로서 마음이 열리지 않는 비연애주의자, 철저한 철벽녀가 되었다. 하지만 지나에게 그쯤은 상관없었다. 조 목사를 벗어나고 되찾은 편안한 일상이 너무 소중했고 그녀는 그런 일상을 즐기며 상처를 회복하고 있었다.

그리고 당연히 언니 지연도 그러리라 생각했다. 새로운 장소에서 대학 생활을 즐기며 행복하게. 하지만 불행하게도 지연은 그렇지 못했다.

*

　새벽에 걸려온 핸드폰 진동 소리에 조현세는 잠에서
깼다. 커다란 창문으로 실크 커튼이 내려진 전형적인 아
메리칸 스타일의 침실. 커다란 침대에서 함께 잠이 든
조 목사의 아내는 전화기 진동 소리를 느끼지 못했는지
아직도 깊이 잠들어 있었다.

　조 목사는 진동이 울리는 핸드폰을 들고 조용히 거실
로 나와 발신자 번호를 확인했다. 저장되지 않은 낯선
지역 번호로 걸려온 전화였다. 조 목사는 전화가 끊어질
때까지 가만히 핸드폰을 들고 진동이 끝나길 기다렸다.
그렇게 첫 번째 진동이 멈췄다. 잘못 걸려온 전화라고
가볍게 생각해 버리고 다시 잠을 청하러 침실로 들어가
려는 순간, 두 번째 전화 진동이 울리기 시작했다. 조금
전 발신 번호와 같은 번호였다. 전화는 계속해서 울렸고
조 목사는 결국 전화를 받았다.

　"여보세요."

　조 목사는 걸려오면 안 될 전화가 걸려왔음을 직감하
며 낮고 경계심이 가득한 목소리로 말했다. 수화기 너머
상대는 침묵했다.

　"이 시간에 누구십니까?"

"저예요. 목사님."

익숙한 목소리였다. 유지연. 이번에는 조 목사가 침묵했다.

"저 지연이에요. 기억하시죠?"

"그래. 지연이."

조 목사는 애써 침착하게 대답했다. 조 목사는 이런 관계를 원하지 않았다. 그는 늘 자신이 선택하고 자신의 선에서 끝내고 싶을 때 끝나는 관계가 좋았다. 그에게 지연은 이미 흥미가 떨어진 게임이었고 다시 그 게임을 하고 싶은 생각은 없었다. 조 목사는 자신이 저지른 일이 어떤 일인지 분명하게 알았다.

그랬기에 일이 피곤하게 진행되는 걸 원하지 않았다. 게다가 지연은 얼마 전까지 미성년자였다. 행여나 누가 알게 된다면 교단을 떠나야 할지도 모를 일이었다. 그는 괜히 전화를 받았다고 생각했다.

"이 시간에 전화하는 건 실례 아닌가?"

조 목사가 불편하다는 듯 말했다.

"죄송해요, 목사님. 하지만…."

흐느끼는지 지연의 목소리가 흔들렸다.

"보고 싶어요. 너무, 너무 보고 싶어서 견딜 수가 없어요. 목사님."

"저런. 너에게 어떤 일이 있었는지 모르겠지만 이런 연락은 그만했으면 좋겠다."

조 목사의 얼굴은 귀찮고 불쾌하다는 듯한 표정으로 일그러져 있었다. 그는 지연이 전화를 끊지 않으면 먼저 전화를 끊어야겠다고 생각했다. 지연이 간절하게 말했다.

"절 사랑한다고 하셨잖아요."

"미안. 이만 끊을게."

"목사님이 아닌 어떤 남자도 만날 수가 없어요. 누굴 만나도 목사님 얼굴이 생각나요. 저에게 하셨던 행동들. 저는 이제 이해하게 됐어요. 사랑이었던 거 같아요. 저, 목사님 사랑하는 것 같아요. 저 좀 만나주세요."

*

조 목사를 떠나 새로운 대학 생활에 적응할 거라 믿었던 지연은 사실 전혀 적응하지 못하고 있었다. 정확하게 말하면 그녀는 조 목사에게서 육체적으로 독립하는 데 실패했다.

한 남자에게 어릴 적부터 철저하게 길들여진 여자는 무엇보다 먼저 몸으로 그 남자를 기억했다. 아무리 잊으려고 해도 지연은 조 목사를 잊을 수가 없었다. 아니, 점점 더 생각났다. 그의 입술, 손짓, 거칠었지만 따뜻했던 몸, 귓가에 울리던 숨결. 지연은 매일 밤 그런 것들이 떠올라 미칠 것 같았다.

그렇게 잠 못 이루는 날들이 이어졌다. 모두 떠난 교회에 혼자 남아 통곡의 기도를 올려보기도 하고 밤새 잠을 이루지 못한 채 뜬눈으로 지새우다가 애통한 마음으로 새벽 기도를 드려보기도 했다.

왜 하필 조 목사는 나를 선택했을까. 아무리 기도를 해도 하나님은 응답을 주시지 않았고 그럴수록 지연의 가슴은 애처롭게 타올랐다. 금지된 사랑을 멈추지 못한다는 사실이 지연을 쇠약하게 만들었다.

조 목사는 자신에게 사랑을 고백하는 지연이 부담스러웠다. 그렇게 탐나던 육체였지만 지연 때문에 자신의 목회 인생에 오점을 남길 순 없었다. 미성년과의 부적절한 관계, 간음한 죄는 분명 그의 앞날에 오점으로 남을 것이기에.

조 목사는 매몰차게 지연을 거절했고 지연은 사정하며 매달렸다. 유령처럼 누구에게도 들키지 않는 존재로 숨어 있겠다고, 다만 예전처럼 자신을 사랑해 달라고. 지연은 매일같이 전화해 조 목사에게 애원했다.

그러던 어느 날 지연은 솔직하게 제안했다. 그녀는 마지막으로 한 번만, 딱 한 번만. 사랑을 확인해주면 깨끗하게 조 목사 곁을 떠나겠다고 말했다.

"마지막 작별 의식 같은 거요."

조 목사는 그러겠다고 약속했다. 그리고 마지막 섹스 장소로 아무도 없는 교회 안 작은 사무실을 택했다. 지연은 늦은 밤 마지막 비행기를 타고 교회가 있는 마을로 돌아왔다. 아무도 지연이 왔다는 사실을 눈치채지 못했다.

그녀는 약속된 장소에서 차분하게 조 목사를 기다렸다. 인생에서 가장 중요한 시간을 바쳤던 남자. 사랑인 줄 몰라 원망만 했던 그 남자와의 마지막 사랑을 나눌 시간이 다가왔다. 새벽이 되자 약속된 시간에 조 목사가 문을 열고 들어왔다.

두 사람은 누가 먼저랄 것도 없이 서로를 탐했다. 해명 불가한 감정으로 두 사람은 서로 알몸이 되어 교회 사무실 바닥을 뒹굴었다. 그런데 그 장면을 목격한 사람이 있었다.

바로 조 목사의 아내였다.

*

간음을 들키고 모든 걸 다 잃을 줄 알았던 조 목사는
아무것도 잃지 않았다. 조 목사의 아내는 이미 성공했고
밝은 앞날이 예약된 엘리트 목사와 이혼할 생각이 전혀
없었다. 그랬기에 조 목사의 아내는 자신의 남편이 불명
예스럽게 사퇴하는 것을 더더욱 원하지 않았다.

한인교회 생태계에서 어울려 사는 규칙은 목사 아내
일지라도 다를 게 없었다. 그녀는 자신의 잘못도 아닌데
사모로서 누리는 명예를 억울하게 빼앗기고 싶지 않았
다. 그녀는 젊은 여자와 벌거벗고 있는 남편에게 사무적
으로 물었다.

"사랑이에요? 아니면 그냥 육체적 관계?"

주섬주섬 바지를 찾아 입으며 조 목사가 대답했다.

"그냥 데리고 노는 애야."

*

그냥 데리고 노는 애.

"언니는 그 한마디가 주는 충격에서 한참 동안 헤어
나오지 못했어요."

충격에서 헤어 나오지 못하는 건 백 소장도 마찬가지였다. 이야기를 듣고 있는 내내 백 소장은 분노로 몸을 떨었다. 지금 듣고 있는 이야기들이 정말 한국 교회에서 존경받는 목회자인 조현세 목사의 이야기가 맞는지. 어떻게 이런 자가 지금껏 감쪽같이 자신의 잘못을 숨긴 채 위선자로서 교회를 부흥시키고 이끌 수 있었는지.

백 소장은 그동안 여러 신도를 상담하며 별별 이야기를 다 들었지만 조현세 목사의 이야기는 그중에서도 단연 충격적이었다. 백 소장 역시 독실한 교인이었고 또한 하나님의 일을 하는 여성 목회자였지만 그녀는 한국 교회가 가지고 있는 불합리한 문제들을 더 이상 개인의 타락으로 치부할 수 없다고 생각했다.

"이런 문제는 개인의 일탈이 아닌 교회 공동체의 문제입니다. 불합리한 사실조차 그냥 '아멘'으로 받아들여야 하는 한국 교회의 문제 말이에요. 합리적 판단이 불가한 데다 처벌조차 이뤄지지 않으니 이런 끔찍한 일이 생기는 거죠."

백 소장은 교회 내 성폭력 문제에 관련된 교단과 교회의 자정 능력에 불신을 드러냈다. 그녀는 피해자에게 용서를 강요하고 묵인할 것이 아니라 단호하게 처벌하고 가해자의 신상도 공개해야 한다고 주장했다. 그것이 비록 교단에서 막대한 권력을 가진 목사라 할지라도.

　"미안한 질문이지만 그래서 지나 씨의 언니는 어떻게
되었나요?"

　"언니는 충격으로 한때 하나님을 더 이상 믿지 않겠다
고 선언했어요. 하나님이 시험에 든 자신을 구원하지 않
았다고요. 버림받았다고 느꼈던 것 같아요. 고통과 수치
스러움을 견디다 못해 자해도 했고 불면증과 신경 쇠약
에 시달리며 우울의 날들을 보내야 했습니다."

　"그래서 함께 오지 못했군요."

　"언니는 다행히 좋은 사람을 만나 결혼을 했어요. 결
국, 모든 일을 혼자만의 비밀로 가슴에 묻기로 했죠. 절
대 누구도 다시는 이 이야기를 꺼내는 걸 원치 않아요.
남편이 알게 될까 봐. 아직 미국에 살고 있으니 혹시라
도 좁은 한인 사회에서 교인들의 비난을 듣게 될까 봐
두려운 거죠. 오히려 조 목사와 그의 사모가 더 당당했
어요. 죄인처럼 숨죽여 지내고 침잠의 시간에 들어가야
했던 건 언니뿐이었죠."

　조 목사는 그 일이 있고 나서 얼마 뒤 한국 대형교회
의 청빙을 받았다. 그의 경력엔 어떤 오점도 남지 않았

으며 금의환향하듯 한국으로 돌아갔다.

　그렇게 승승장구하는 조현세 목사를 지나는 더 이상 두고 볼 수 없었다. 지금도 남들 모르게 얼마나 많은 교인들을 데리고 육체적 쾌락을 탐하고 있을지, 보지 않아도 뻔했다. 피해자가 더 생기기 전에 누군가 나서야 한다고 생각했다. 하지만 지연은 나설 자신이 없다며 극구 거절했다.

　"언니는 도저히 자신이 없다고 했어요. 저 혼자라도 용기를 낼 수밖에 없었습니다. 우리 자매의 잃어버린 17년을 되찾고 싶어요. 저 역시 그 일을 당한 뒤로 정상적인 이성 관계를 전혀 하지 못했거든요. 남자는 모두 도둑놈이고, 변태고, 믿을 수 없는 존재라고 생각하며 살았으니 제 삶도 온전치 못한 거죠. 교회에선 인간에 대한 믿음과 소망, 사랑을 가르치는데 저는 철저하게 그것을 부정할 수밖에 없었어요. 사람을 믿지 못해 진정한 사랑을 하지 못하는 저도 피해자입니다. 누군가 호의로 다가오면 도망치기 바빴던 나의 17년을 보상받고 싶어요. 그리고 지금도 용기를 내지 못하고 죄인도 아닌데 죄인처럼 과거를 가슴에 묻고 불안하게 살아야 하는 언니를 위해서라도요."

"하지만 그 당시의 증거가 없고 오직 진술에 의존해야 해서 사회법으로 재판을 받고 처벌하기는 사실상 어렵습니다. 그리고 법원에서는 교회 내 성폭력 사건을 종교적 행위로 규정하고 있기도 하고요. 그렇다 보니 주먹구구식으로 해결하고 있어서 법적 처벌은 상당히 힘들 겁니다."

"저도 알고는 있어요."

지나는 백 소장의 말에 수긍하며 고개를 끄덕였다.

"그런데도 이렇게 용기를 내어 한국에 오셨는데. 혹시 원하시는 것이 있습니까?"

"네."

그녀는 입술을 꾹 다물고 힘을 주더니 작정한 듯 분명하게 말했다.

"목사, 그만두게 하고 싶어요. 그 더러운 입으로 하나님을 외치는 걸 막아야 합니다."

*

예진은 아까부터 병실 침대에서 잠들어 있었다. 경미도 잠을 청해 보려고 간이침대에 누웠는데 이상하게 잠이 오지 않았다. 경미는 이리저리 뒤척이며 예진이 해준

이야기들을 곱씹어봤다. 제일 친하다고 생각했는데 그 동안 예진에게 그런 일들이 있었다니. 정말 까마득히 모르던 일이었다. TV에서나 나올 법한 엄청난 일들을 혼자 감당하고 있었으니 그간 얼마나 힘들었을까. 경미는 잠들어 있는 예진을 가만히 바라봤다. 참으로 가녀리고 연약한 여자였다.

'대체 이런 애한테 무슨 짓을 한 거야!'

경미는 울컥하는 마음으로 간이침대에서 일어나 의자에 앉아 TV를 켰다. 가장 낮게 볼륨을 맞추고 채널을 이리저리 돌리며 심드렁하게 TV를 보던 경미는 자신도 모르게 리모컨을 손에 쥐고 잠이 들어 버렸다.

"기독미술관이란 곳이 새로 생기네."

예진이 중얼거리는 소리가 들렸다. 깜빡 잠이 든 경미가 잠결에 예진의 목소리를 듣고 눈을 떴다. 예진은 등을 기대고 앉아 TV를 보고 있었다. 기독교 방송이었다.

개신교 전문 박물관 겸 미술 전시회 공간인 '기독미술관'이 개관한다는 소식이 단신으로 나오고 있었다. 그리고 기독미술관 개관일에 맞춰 개관 기념전시회가 열린다는 아나운서의 설명이 이어졌다.

'작년 미술계에서 역대 최고가로 낙찰된 예수의 초상 '살바토르 문디'가 다음 주 기독미술관 개관 특별전에서 처음으로 한국에 공개될 예정입니다. 뉴욕 크리스티 경매에서 4억 5천만 달러. 우리 돈으로 5천억 원에 이르는 가격으로 낙찰된 이 그림은 흘러내리는 청색과 심홍색의 르네상스 시대 의복을 입고 정면을 응시하는 구세주 그리스도를 그린 반신 유화입니다. 그림에서 그리스도는, 왼손으로는 수정구를 잡고 오른손으로는 축복을 비는 모습입니다. 레오나르도 다 빈치의 현존하는 그림 20여 점 중 개인이 소장하고 있는 유일한 작품으로 더욱 특별한 가치를 지니는 '살바토르 문디'는 문명의 장벽을 허무는…'

"오천억? 그림 한번 진짜 비싸네."

경미가 말했다.

"예수의 초상화라잖아. 그것도 레오나르도 다 빈치가 그린."

"진짜 다 빈치가 그렸는지 다 빈치 동생이 그렸는지 직접 보지도 않았는데 알게 뭐야."

"믿어야지. 믿지 않으면 오천억의 가치가 사라지니깐."

"오천억의 가치라…."

경미는 정말 저 그림에 오천억의 가치가 있을까 생각했다. 세상을 구원하는 구세주. 인간을 구원한다는 종교

의 이름으로 지금 벌어지는 만행들을 과연 예수는 알고
나 있을까. 예진이 말했다.

"나중에 보러 가야겠어. 예수님 얼굴."

3

성연 진짜 사랑은 바로 나

서울 시내 중심에 있는 오성급 호텔의 한 객실에서 주성연이 혼자 비스듬하게 침대에 걸터 앉아 TV 리모컨을 돌리고 있었다. 성연은 얼핏 봐도 화려한 외모와 탄탄한 몸매를 가진 여자였다. 그녀는 아까부터 TV 채널을 고정하지 못하고 5초마다 리모컨으로 채널을 바꾸며 어떤 생각에 골몰해 있었다.

"흠…."

성연은 립스틱이 다 지워지는 것도 모르고 입술을 잘근잘근 씹었다. TV 채널은 여전히 고정되지 못하고 계속 돌아갔다. 그때, 핸드폰 문자 알림 소리가 들렸다. 성연은 그대로 손만 뻗어 핸드폰을 집었다.

성연은 문자를 바로 확인하지 않고 손톱으로 액정을 딱딱— 두드리기만 했다. 그녀는 표정을 읽을 수 없는 얼굴로 뭔가를 생각하고 있었다. 잠시 후, 성연이 액정을 밀어 문자를 확인했다.

'지금 얼굴 보러 가.'

혼자 피식하며 허공에 실소를 날린 성연이 비로소 침대에서 일어나 자세를 고쳐 앉았다.

'얼마나 걸려?'

답문을 보내자 곧바로 답이 왔다.

'30분. 몇 호지?'

'1208호.'

'오케이. 바로 올라갈게.'

핸드폰을 침대에 툭 던져놓고 성연은 호텔 방에 걸려 있는 거울을 보며 옷을 벗었다. 나이 오십. 그러나 그녀의 몸매는 어지간한 젊은 여자보다도 날씬했고 탄탄했다. 그녀는 만족스러운 듯 자신 있는 걸음으로 욕실로 들어가 샤워를 시작했다. 그가 호텔 방에 들어서면 곧장 그를 끌어당겨 침대에서 뒹굴 생각이었다. 성연은 기분 좋게 스펀지를 주무르며 거품을 잔뜩 냈다.

문이 열리고 남자가 들어왔다. 조 목사였다. 미리 샤워를 마친 성연이 알몸으로 조 목사를 반겼다. 만반의 준비가 된 주성연을 본 조 목사가 활짝 웃었다.

"이러니 내가 당신을 안 좋아하고 배겨?"

조 목사의 말에 성연은 깔깔 웃으며 가까이 다가오라고 손짓했다.

"온종일 여기저기 강연을 몇 개나 하고 다녔더니 꼴이 말이 아니야."

성연의 옆에 털썩 누우며 조 목사가 말했다.

"그런데 그 꼴이 이렇게 멋있는 거야?"

조 목사에게 여자 다루는 능력이 있다면 성연에겐 남자를 다루는 능력이 있었다. 조 목사는 자신을 순종하고 따르는 예진도 좋았지만 가끔은 이렇게 통통 튀는 성연과 시간을 보내는 것도 나쁘지 않았다. 예진이 시키는 대로 하는 타입이라면 성연은 시키지 않아도 알아서 하는 타입이었다. 성연은 화끈한 매력이 있는 여자였다. 게다가 그녀는 놀랍게도 전도사였다. 교회의 여러 가지 사건들과 행정, 운영에 관한 대화까지 잘되는 성연은 조목사와 잘 통할 수밖에 없었다.

"주 전도사. 당신 남편은 정말 복도 많지. 어떻게 이런 매력 덩어리를 낚아채서 자기 것으로 만들었을까?"

"당신이니까 이러는 거지 내가 집에서도 이럴까."

성연은 살짝 눈을 흘기며 조 목사의 목에 양팔을 감고 안기듯 매달렸다. 남자를 다뤄본 경험이 있는 여자에게서 나오는 노련함과 센스는 그녀의 주특기였다. 착한 예진은 편한 상대였지만 가끔 답답한 면이 있었는데, 예진이 따분해지는 날이면 조 목사는 주저 없이 성연을 찾았다. 이렇게 화끈한 여자랑 만나 한 판 에너지를 쏟고 나면 다시 순종적인 예진이 그리워졌다.

조 목사의 여성 편력은 중증이었다. 나이와 스타일을 가리지 않았고 사회적 직책도 상관하지 않았다. 오히려 더 잘못된 관계나 더 불건전하게 느껴지는 관계일수록 섹스 이후의 해방감이 컸다. 지칠 법도 한데 대체 그 많은 에너지가 어디서 나오는지. 그는 전국을 돌며 강의와 설교를 하는 것뿐만 아니라 방송 출연과 교회 일까지 정신없는 일정을 보내면서도 여러 명의 여자와 끊임없이 섹스를 했다. 그에겐 그런 시간이 오히려 충전의 시간이었다.

"정말 사랑하지 않을 수 없다니깐."

조 목사의 옷은 성연의 손에 벌써 다 벗겨진 상태였다. 성연은 홈 바 냉장고에서 얼음을 하나 꺼내 입에 넣었다. 그리고 혀로 달그락달그락 얼음을 굴리며 조 목사에게 살금살금 다가왔다. 마치 우아한 한 마리의 고양이 같이.

그녀는 얼음을 입에 문 채로 조 목사의 성기를 빨았다. 얼음의 차가움과 혀의 따듯함이 오묘하게 섞이는 짜릿함 때문에 조 목사는 흥분을 참지 못하고 신음했다. 성연은 조 목사의 몸을 가지고 놀았다. 이렇게 서비스를 해주는 대신 그녀는 조 목사를 통해 교회에서 받을 수 있는 온갖 혜택을 다 받아냈다. 사랑이라는 이름으로 하는 불장난 같지만 사실 두 사람은 서로 챙길 건 챙기는 노련한 사람들이었다.

오늘따라 성연은 다른 날보다 더 정성을 다해 조 목사를 즐겁게 해주었다. 조 목사는 아예 자신의 몸을 성연에게 맡긴 채 종일토록 쌓였던 고단함과 스트레스를 풀었다.

"오늘 정말 끝내주는데? 선물이라도 사줘야 하는 거야?"

"선물은 무슨. 다 필요 없고 당신은 나만 사랑해주면 돼."

"그건 이미 하고 있잖아. 나한텐 주 전도사뿐인데."

"정말이지?"

"참내… 아직도 그걸 모르나."

"나 소유욕 강한 여자야."

"걱정 말라니깐. 내 마음은 주 전도사 하나뿐이니까."

"그…래?"

성연이 행위를 멈추고 몸을 일으켰다. 갑작스러운 그녀의 행동에 조 목사는 엉거주춤 어정쩡한 자세가 되어 그녀를 바라봤다.

"주 전도사. 왜 그래?"

성연이 대답했다.

"조현세, …너 박예진이랑도 이렇게 잤어?"

*

주 전도사. 그러니까 주성연은 집착과 소유욕이 아주 강한 여자였다. 그리고 그만큼 성욕도 강했다. 한마디로 그녀는 조 목사와 아주 비슷한 유형의 사람이다. 내가 하면 괜찮고 남이 하는 건 못 견디는 사람. 두 사람에게 다른 점이 있다면, 조 목사는 자기 안위를 위해서라면 조용하게 사건을 덮고 비밀에 부치는 사람이지만 주 전도사는 수가 틀리면 앞뒤 가리지 않고 돌진하는 스타일이라는 것. 애당초 주 전도사는 시한폭탄 같은 존재였다.

　사실 예진과 조 목사의 관계는 이미 교회 안에서 슬금 슬금 소문이 퍼지는 중이었다. 누구로부터 소문이 시작됐는지 모르겠지만 조 목사와 예진의 내연 관계는 꼬리가 길어도 너무 길었다.

　예진에 대한 뒷말은 교회만이 아니라 학교에서도 심심치 않게 나왔었다. 내정되어 있던 학과 근로 장학생이 하루아침에 특별한 이유 없이 예진으로 바뀐 거며, 다른 사람들은 몇 번이고 수정하고 또 수정해야 겨우 통과되는 논문 주제와 목차, 내용을 예진은 한 번의 수정도 없이 제출만 하면 쉽게 통과했다는 말들.

　그리고 사람들의 시선에 가장 이상하게 느껴졌던 건 예진 그 자체였다. 그녀는 누구와도 편하게 어울리지 않았고 학교에서 할 일이 끝나면 혼자 어디론가 사라져 버리곤 했다. 마치 시간이 되면 비밀의 성으로 돌아가야만 하는 마법에 걸린 여자처럼. 그렇게 사라져 버리면 무엇보다 연락이 잘 되지를 않았다. 문자를 보내도 한참 후에 확인했고 전화를 걸어도 부재중일 때가 많았다. 그런 그녀였지만 학교에 있을 때만큼은 늘 핸드폰을 손에서 놓지 않았다. 그리고 누군가에게 연락이 오면 곧바로 가방을 챙겨 어느새 사라져 버리곤 했다.

조 목사의 이름이 거론되지는 않았지만 사람들은 예진이 건전하지 않은 연애를 하고 있다는 사실을 쉽게 예측할 수 있었다. 모두에게 들킨 자신의 모습을 당사자인 예진만 바보처럼 모르고 있었다.

예진의 지도교수인 유형준 교수 역시 아무것도 모르는 척 함구하고 있었지만 자신의 제자가 조 목사의 성적 유희의 대상이라는 사실쯤은 알고 있었다. 조 목사와 유학 시절을 함께 보냈던 유 교수는 친구였던 조 목사의 병적인 여성 편력을 익히 알고 있었다. 하지만 그는 대수롭지 않게 생각했다.

'큰일을 하는 남자라면!'

성경에도 적혀 있지 않은가. 간음의 현장에서 잡혀 온 여인을 정죄하려는 무리를 향해 예수께서 뭐라 하셨는가.

"죄 없는 자가 먼저 돌로 치라."

아무도 돌을 던지지 못한 채 돌을 내려놓고 모두 사라지자 홀로 남은 여인에게 말씀하시기를

"나도 너를 정죄하지 아니한다."

하지 않으셨는가.

'하물며 예수께서도 정죄하지 않는데!'

유 교수는 목회자로서 사회에 공헌하고 있는 조 목사의 여성편력에 대해 본인이 왈가왈부할 일은 아니라고 생각했다. 게다가 섣부른 오지랖으로 남의 가정을 깨는 일도 하고 싶지 않았다. 그리고 무엇보다 예진은 성인이었다.

학부생도 아닌, 대학원생쯤 되는 나이라면 솔직히 알 건 다 아는 나이라고 생각했고 그런데도 예진이 겉으로 순진한 척을 참 잘한다고 생각했다. 유 교수 눈에 예진은 뒤로 호박씨 까는 스타일이었다. 유 교수는 할 짓 다 하고 다니면서 너무 순진한 척하는 예진의 모습이 오히려 앙큼하다고 느꼈다.

조 목사가 자신의 교수실로 찾아와 예진이 돈을 벌며 학교에 다닐 방법을 묻고 근로 장학생 이야기를 꺼냈을 때, 예진의 논문 주제를 들고 와 논의하며 통과시켜 주기를 부탁했을 때, 유 교수는 두 사람의 육체적 관계가 상당히 깊은 상태라고 생각했다.

어느 날, 유 교수는 퇴근 후 집에 돌아와 아내에게 무심코 제자 예진의 이야기를 꺼냈다. 목사와의 사이에서 의심되는 육체적 관계, 그 덕분에 그동안 예진이 누렸던 크고 작은 혜택들, 속을 알 수 없는 의뭉스러운 여자애라며 유 교수는 그간의 생각들을 아내에게 말했다. 그런데 남편의 이야기를 듣는 아내의 표정이 너무 심각했다. 평소라면 이런 가십을 흥미롭게 들어야 할 유 교수의 아내였다.

"재미없어?"

유 교수의 물음에 아내는 더욱 굳은 얼굴로 대답했다.

"아니. 너무 재미있네."

"그런데 반응이 왜 그래?"

"조 목사랑 당신 제자 박예진이 잤단 말이지?"

"합리적 의심으로는 백 퍼센트. 어떤 남자가 주고받는 거 없이 그렇게 살뜰히 여잘 챙기나. 그리고 그놈은 원래부터 아랫도리가 복잡했어."

"그렇군. 잤군."

"아마도. 아니, 분명히."

"가만두면 안 되겠네."

"근데 당신은 남의 일에 왜 이렇게 심각해? 뭘 가만두지 않겠다는 거야?"

유 교수의 아내는 벌떡 일어나 부르르 떨었다.

"한 여자도 아니고. 이 여자 저 여자랑 놀아나는 목사를 그럼 가만두라는 말이야?"

유 교수는 당황한 표정으로 아내를 바라봤다. 이해할 수 없는 아내의 반응. 유 교수의 아내는 바로 주성연 전도사였다.

*

조 목사는 돌변한 성연 때문에 평정심을 찾기 어려웠다. 성연은 조 목사를 사정없이 다그쳤다.

"왜 나 말고 다른 사람하고!"

그녀는 자신이 유부녀라는 사실과 전도사라는 신분까지 모두 잊은 것 같았다. 남편을 두고 조 목사와 정을 나눈 자신의 죄는 지을 수 있는 죄라고 생각했다.

유 교수는 아내에게 소홀한 편이었다. 그의 우선순위는 학교였고, 그는 가정보다 일이 더 중요한 남자였다. 에너지와 활력이 넘치는 성연은 그런 남편에게 만족하지 못했다. 집에 돌아와서도 책만 붙잡고 사는 남편은 지루하기 짝이 없었다. 머리 스타일이 달라져도 새로 산 옷을 입어도 예쁘게 화장을 해도, 유 교수는 아내의 변화에 관심조차 없었다. 결혼기념일도, 생일도 그냥 지나치기 일쑤였다.

하지만 조 목사는 달랐다. 그는 손톱에 매니큐어 색깔

만 달라져도 금세 알아챘다. 늘 예쁘다고 말해줬고 만난
지 100일, 200일 같은 작고 소소한 기념일에도 이벤트를
할 줄 아는 남자였다. 그리고 가장 중요한 건 속궁합이
었다. 결혼하고 한 번도 만족스러운 잠자리를 가져보지
못했던 성연은 조 목사를 만나고서야 비로소 진짜 육체
에 눈을 뜨게 된 것이다.

성연은 단단히 착각하고 있었다. 결혼 생활과 연애 생
활을 완전하게 분리할 수 있다고. 그건 그거대로 이건
이거대로. 그래서 그녀는 그녀 나름 조 목사에게 진심이
었다. 가정과 상관없이 조 목사의 진짜 사랑은 '주성연,
바로 나!'라고 생각했다.

집착이 시작되자 조 목사는 성연이 거북해지기 시작
했다. 그 옛날 미국에서 지연에게 그랬던 것처럼 조 목
사는 성연을 밀어냈다. 하지만 그녀는 미성년자였던 유
지연이나 순진하기 짝이 없는 예진과는 애당초 종자가
다른 사람이었다. 성연은 가질 수 없으면 파괴해 버리고
야 마는 그런 사람이었다. 그녀는 나눠 먹어야 하는 감
이라면 차라리 발로 밟아 뭉개고 아무도 먹지 못하게 할
참이었다.

주성연은 조 목사를 경찰에 고소했다. 강제 추행. 성

폭행. 그리고 거기서 그치지 않고 사회법으로 처벌할 수 없는 간음을 처벌하기 위해 교회 재판에도 고소장을 넣었다. 자기 자신이 망가지는 것쯤은 나중 문제였다. 아니, 그녀는 자신은 이미 망가질 대로 망가졌으니 이젠 조 목사가 망가질 차례라고 생각했다. 그녀의 고소 덕분에 조 목사와 주 전도사의 스캔들은 삽시간에 온 교회로 퍼졌다.

*

"제정신이야?"

식탁 위에 차려진 저녁상을 죄다 밀어 엎어버린 유 교수가 아내 성연을 향해 분노를 내뿜었다. 바닥으로 떨어진 그릇들은 산산조각이 났고 바닥이며 벽지엔 온통 음식물이 튀었다. 성연은 눈 하나 깜짝하지 않고 깨져서 엉망이 된 그릇들을 꼿꼿하게 서서 바라보기만 했다.

"바람이 나서 놀아났으면 적당히 놀다가 조용히 그만두면 될 일이지…."

유 교수는 어쩔 줄 몰라 가만 있지 못하고 거실을 뱅뱅 돌았다. 세상천지에 스스로 불륜을 소문 내버린 자신의 아내를 도저히 이해할 수 없었다. 신학대 교수와 전도사. 사람들의 시선을 신경 쓰지 않을 수 없는 직업과 사회적 위치에 있는 사람들이었다.

"할 짓 다 하고 재미없어졌다고 고소를 해? 너 죽고 나 죽고 다 같이 망신당하고 죽자는 거야 뭐야?"

유 교수는 바람난 아내를 향한 배신감과 치욕스러움도 참을 수 없었지만 본인도 간음했으면서 간음죄로 고소를 했다는 사실을 어떻게 받아들여야 할지 알 수가 없었다. 죄 없는 자만 돌을 던지라 했더니 죄 있는 놈이 돌을 던지고 자기도 돌에 머리를 박고 죽겠다는 꼴이라니. 온 가족을 망가트릴 정도로 조 목사의 사랑이 중요했던 건지. 대체 조 목사에게 어떤 매력이 있기에 제자인 예진도, 아내도 이렇게 인생을 망가트리는 것인지. 유 교수는 그동안 자신이 쌓아 놓은 모든 것이 모래성같이 와르르 무너졌다고 생각했다. 자신의 아내 때문에.

그는 침실로 달려 들어가 화장대 위에 놓인 주성연의 핸드폰을 집어 들고 나왔다. 그리고 돌덩이처럼 그 자리에 서 있는 아내에게 핸드폰을 내밀었다.

"조 목사와 당신이 어떻게 놀아났는지 확인해야겠어. 여기, 비밀번호 좀 풀어봐."

성연이 제 자리에서 꿈쩍도 하지 않은 채 대답했다.

"안 잠겼어. 그냥 열어서 봐."

"당신 간이 단단히 부었군. 바람을 피우면서 잠금조차 안 해 놨다고?"

유 교수는 불륜을 저질렀다는 사실보다 아내의 당당함이 더 끔찍했다. 그는 성연의 핸드폰을 열어보지 않고 바닥에 내동댕이쳤다.

"대체… 뭐가 그렇게 당당한 거야. 잘못했다고 그냥 한 번만 넘어가 달라고. 울면서 말을 해도 모자랄 판에!"

"그동안 나한테 관심이나 있었어? 내가 나가든 들어오든, 뭘 먹든 말든, 옷을 입고 다니든 벗고 다니든. 남편이 나한테 아무런 관심도 없는데, 오로지 자신의 교수 체면에만 관심이 있는데 핸드폰 잠그는 일이 왜 필요했겠어."

성연의 목소리는 인생의 바닥을 작정한 듯, 바늘 하나 들어갈 틈 없이 굳어 있었다. 모든 세포와 심장마저 딱딱하게 굳은 것처럼 보였다. 그런 아내를 보면 볼수록 유 교수는 쉽게 진정할 수 없었다.

아내도 아내지만 친구 조현세 역시 용서할 수 없었다. 이웃의 아내를 탐하지 말라 했는데 목사씩이나 되는 녀석이 하다 하다 친구의 아내까지 탐하다니.

"조현세. 이 개자식."

숱하게 여자들을 건드리고 다닌 여성 편력이 있는 놈
이란 건 진작부터 알았지만 자기 아내까지 그 상대가 될
거라는 생각은 해 본 적이 없었다. 유 교수는 조 목사가
얼마나 현란하고 지저분하게 여자들을 다루는지 잘 알
았다. 그게 내 아내에게 기쁨을 주었다니! 유 교수는 당
장이라도 조 목사를 죽여 버리고 싶은 심정이었다.

"부탁이 있어."

"나한테 부탁? 당신한테 염치라는 게 있긴 있는 거
야?"

"당신 제자 박예진. 그 애 연락처 좀 알려줘."

"야, 주성연!"

유 교수는 절규하듯 아내를 불렀다. 어떻게 미안하다
는 말 한마디를 하지 않을까.

"박예진은 내가 가르치는 학생이야. 넌 부끄러움도 창
피함도 없는 거니? 박예진이랑 둘이 만나서 뭘 어쩌겠다
는 거야? 조현세랑 같이 잔 이야기라도 나눌 셈이야?"

성연은 담담하게 바닥에 내동댕이쳐진 핸드폰을 주워
화면을 켰다. 그래도 고장이 나진 않았는지 핸드폰 액정
에 불이 들어왔다. 주성연이 유 교수에게 핸드폰을 건네
며 말했다.

"당신, 조현세가 질투 나서 죽여 버리고 싶지? 일과 사랑 전부 다 당신보다 잘하는 그 자식, 밑바닥까지 떨어트리고 싶지?"

질주하던 경주마가 질주를 멈추고 숨을 고르듯, 성연은 거칠게 올라오는 숨을 골랐다.

"당신이 지금까지는 날 무시하면서 살았을지 모르겠지만 나 바보 아니야. 당한 만큼 갚아주는 것쯤은 나도 할 줄 안다고. 박예진 번호 알려줘. 내가 조현세 박살 낼 거니까."

*

카페는 조용했다. 성연은 사람들 눈에 최대한 띄지 않는 구석 자리에 앉아 있었다. 사람들의 왕래가 드문 시간, 일부러 찾은 조용한 장소였다. 성연은 김이 올라오는 커피를 마시면서 왜 자신이 조현세에게 그렇게 했었는지를 생각했다.

'진심이었어.'

그녀는 조현세를 사랑했다. 자신의 마음과 육체를 모두 진심으로 그에게 쏟았던 성연은 아직도 사랑의 마음이 완전하게 식지 않은 자신에게 조금 놀랐다. 강렬했던 마음이 조현세라는 남자 때문이었는지 내면의 외로움 때문이었는지는 분명하게 알 수 없지만 죽기 전에 이런 사랑을 해봤다는 것에 후회는 없었다. 성연은 오른손을 심장 위에 가만히 얹었다. 앞으로 남은 인생도 후회 없고 싶었다. 먼지가 되느니 활활 타오른 뒤 재로 남고 싶었다.

그때 카페 문이 열리고 한 여자가 들어왔다. 성연은 한눈에 그녀가 누군지 알 수 있었다. 박예진, 남편의 제자, 그리고 내 애인의 또 다른 애인.

예진은 조심스럽게 카페 안을 두리번거리며 성연을 찾았다. 성연이 자리에서 일어났다.

"박예진 씨. 내가 주성연이에요."

*

성연은 자신의 이야기를 숨김없이 모두 털어놨지만 예진은 믿지 않았다.

"그럴 리가 없어요."

예진은 주 전도사가 자신과 조 목사와의 관계를 어떻게 알았는지는 모르겠지만 조 목사는 자신을 소모품으로 여기지 않았고 진심으로 대해주고 있으며 본인 역시 그를 존경하는 마음으로 따르고 있다고 말했다. 예진은 주 전도사의 말을 사탄의 속삭임이라고 생각했다. 이런 속삭임에 현혹됐다는 걸 조 목사가 알게 된다면 지난번 성준 오빠가 집에 찾아왔을 때처럼 꾸지람을 듣게 될 것이다.

예진은 자신이 방황하고 있다고 생각했다. 사랑의 방황, 믿음의 방황, 그리고 도덕적 방황. 그녀에겐 하늘에 계신 하나님이 아닌 지상에서 자신의 이야기를 들어 주고 방황에서 구해줄 사람이 필요했다. 전지전능하지 않아도 괜찮았다. 내 이야기를 들어주고 조언을 해줄 어른이면 충분했다. 하늘에 대고 외치는 기도는 아무리 간절해도 언제 응답받을지 모르는 일이니 지금 당장 하나님을 대신해 어떤 말이라도 해줄 수 있는 그런 사람. 아무리 생각해도 예진의 머릿속에 떠오르는 사람은 유 교수뿐이었다.

인간관계가 좁은 예진에게 유 교수는 지도교수이자 믿고 따를 수 있는 몇 안 되는 어른이었다. 그리고 무엇보다 유 교수는 조 목사를 오랜 시간 동안 잘 알고 있는 사람이었다. 예진은 자신을 곧은 길로 이끌어 줄 따듯한 말 한마디가 절실했다.

주 전도사를 통해 조 목사의 실체를 들었으면서도 왜 그때 스스로 조 목사를 떠나지 못했냐고, 왜 스스로 자기 일을 결정하지 못하고 누군가에게 조언을 구하려 하냐고 묻는다면 예진은 이렇게 답할 수밖에 없다.

'위계.'

상대방을 착오에 빠트려 정상적인 성적(性的) 의사결정을 못하게 하는. 자신은 바로 그 '위계' 속에서 길을 잃었다고.

*

예진은 유 교수를 찾아가 자신의 이야기를 털어놓았다. 예진의 말은 느리고 때론 알아듣기 어려울 정도로 작았지만 유 교수는 그녀의 말을 끊지 않고 끝까지 들었다. 그는 속이 부들부들 떨렸지만 한마디라도 놓칠세라 어떤 질문도 하지 않았고, 오직 듣기만 했다. 아마도 예진은 유 교수와 주성연 전도사의 관계를 모르는 눈치였다.

조 목사와 처음 만났던 순간, 어떻게 나이와 상관없이 두 사람이 가까워졌는지, 조 목사의 어떤 부분 때문에 마음을 열고 의지하게 됐는지, 그리고 조 목사가 했던 약속들과 그 약속을 믿고 있는 여자로서의 감정까지. 하지만 조 목사가 자신만이 아니라 다른 사람도 사랑하는 것 같다는 이야기까지.

예진은 두꺼운 책처럼 마음에 쌓아두었던 이야기들을 유 교수 앞에서 한 장 한 장 펼쳐 보였다. 어렵고 두려운 이야기였지만 막상 이야기를 시작하고 보니 멈출 수가 없었다.

"교수님은 조 목사님과 오랜 친구시잖아요. 목사님이 이제 저를 어떻게 하시려는 걸까요? 전 어떻게 해야 하나요?"

"넌 조 목사가 진심으로 널 좋아했다고 생각하는구나."

"네. 목사님은 저를 진심으로 아껴주셨어요. 저는 그 마음을 알아요."

"그렇겠지. 너를 무척 아낀 건 사실이니까."

"그럼 저는 목사님의 진심을 믿고 기다려야 하나요?"

유 교수는 낮게 한숨을 쉬었다. 어리석은 질문에 대한 한숨. 유 교수는 어느새 예진을 한심한 표정으로 바라봤다.

"왜 모르지?"

"…?"

"내 앞에선 순진한 척 그만해도 돼."

전혀 예상하지 못한 유 교수의 말에 예진은 당황했다. 그녀가 기대했던 답은 이런 게 아니었다.

"놀란 척도 하지 마. 네 마음속에 답을 정해 놓고 나를 찾아와서 지금 무슨 이야길 하는 거야."

아주 냉정하고 분명한 태도로 유 교수가 이어 말했다.

"넌 지금 너의 잘못된 행동을 사랑으로 포장하고 싶은 거지. 팩트는 네가 간음을 했다는 거야. 불륜녀. 그게 팩트인데 넌 내 앞에서 그걸 설명하고 변명하기 위해 착한 척, 순진한 척 삼십 분을 털어놓았어."

예진은 커다란 방망이로 정수리를 얻어맞은 기분이었다.

"처음부터 넌 모르지 않았어. 조 목사에게 가정이 있다는 걸 알았잖아. 알고 잤잖아. 넌 금치산자가 아니고, 미성년자도 아니고, 알 거 다 알 만한 성인인데 누가 누구에게 당했다? 그 나이에 너무 순진한 척하는 거 아닌가?"

유 교수의 말은 거의 독설에 가까웠다. 그의 말이 계속될수록 예진의 온몸엔 바늘이 꽂혔다. 유 교수의 말은 사실이었다. 예진은 생각했다. '왜 알면서 몰랐을까. 난 알면서 모르는 체하고 싶었던 건가?'

"나이를 먹을 만큼 먹은 다 가진 성인 남자가 어린 여자에게 호의를 베풀 땐 뻔한 거지. 조 목사가 나에게 순수한 마음으로 근로 장학생 자리를 부탁했을 것 같나? 논문은 원래 그렇게 쉽게 통과가 되는 줄 알았어?"

'그때부터였구나. 근로 장학생, 그때부터. 처음부터 조 목사는 다른 사람과 조금 다른 방법으로 화대를 지급한 거였구나.'

"놀란 표정을 보니 네 실력으로 이뤘던 거라 착각했던 거 같은데. 천만에. 남자가 여자에게 이유 없이 호의를 베풀 필요가 없잖아."

'그런가. 나는 사랑이었는데. 조 목사도 나를 진짜 사랑한다고 했는데. 사랑이 아닌데 어떻게 나의 온몸 곳곳을 그토록 다정하게 쓰다듬어 줄 수 있는 거지?'

"조 목사 스킬 좋은 거 이미 알 사람은 다 알아. 얻을 거 다 얻고 놀 만큼 실컷 놀았으면서 인제 와서 피해자가 된 기분이 드는 건 독점이 아니었다는 걸 알아서인가?"

유 교수는 아내에게 하고 싶은 말을 예진에게 쏟아내고 있었다. 아내를 향한 분노를 예진에게 이입한 유 교수는 더 이상 학자도, 지도교수도, 지혜로운 어른도 아닌, 그냥 화가 난 남자였다. 그는 자신의 아내와 예진이 왜 힘들어하는지 잘 알았기 때문에 더 화가 났다. 차라리 그냥 섹스하고 놀고 말 일이지 멍청하게 왜 진짜 사랑을 해.

조 목사의 여자들이 고통스러워하는 건, 조 목사의 사랑이 독점이 아니었다는 사실, 나만 사랑한 게 아니라는 사실, 내가 받았던 사랑을 다른 사람도 똑같이 받았다는 사실 때문이었다. 만약 조 목사의 사랑이 독점이었다면 그가 무책임하게 떠나도 조용히 혼자 아픔을 삭였을지도 모를 일이었다. 하지만 사랑이 아닌 유희였다는 걸 알아차린 여자들은 조용히 있을 수 없었다. 사랑의 대상이 되는 것과 유희의 대상이 되는 것은 달랐다.

내 진심이 조 목사의 성욕을 해결해 주는 도구였다니. 배고프면 메뉴를 골라 밥을 먹는 것처럼. 내 육체가 제육볶음, 비빔밥, 된장찌개 같은 식당 메뉴 중 하나일 뿐이었다니. 목소리를 떨며 예진이 물었다.

"그렇다면… 범죄 아닌가요? 조 목사님도 간음이라는 범죄를 저지르신 거네요."

피식. 유 교수가 비웃음을 날렸다.

"고소라도 하고 싶단 뜻인가?"

"교회법이 있잖아요. 목사가 부정한 짓을 하면 안 되는."

"참 내, 조 목사가 혼자 놀았나?"

"죄라는 걸 알면서 사랑이라는 잘못된 생각으로 그동안 죄를 지었다면, 저는 저대로 간음한 벌을 받고 목사님도 죄의 심판을 받아야 하는 거 아닌가요?"

"목사의 죄를 누가 심판하지?"

"…교회 재판에서… 총회 재판국에서…."

예진은 머뭇거리며 대답했다.

"잘 생각해 봐, 박예진. 그 사람들 다 남자야. 그리고 피해 여성을 구제하는 일보다 교회를 지키는 게 더 중요한 사람들이고. 게다가 따지고 보면 네가 피해 여성도 아니다만."

"하지만 하나님의 말씀은 그렇지 않아요."

"신학을 공부했으면서 아직도 모르나?"

"사도바울은 악은 모든 모양이라도 버리라고 하셨고 마음으로 품은 음욕도 간음이라 했어요. 제가 공부한 것들은 그랬어요."

"구약에도 여자 문제 없는 지도자는 없어."

그리고 유 교수는 단호하게 마지막 비수를 날렸다.

"여자가 믿음이 깊다고 다 성녀 마리아가 되는 건 아니야."

*

구약성경 속 지도자 중 여자 문제가 없는 지도자는 없

었다는 유 교수의 말에 예진은 지금까지 믿어왔던 신앙의 뿌리가 처음으로 흔들렸다. 교회가 권위적이고 보수적인 곳이라는 생각을 안 했던 건 아니지만 이토록 철저하게 남성 중심의 사고를 하는 곳이었는지. 이제 와 돌아보니 교회는 빛과 소금이라 외치기에 참으로 무색했다. 목사들의 부적절한 소문들과 장로들이나 전도사들의 스캔들은 흔하디흔한 일이었다.

'왜 나는 알면서도 몰랐을까?'

예진은 얼마 전 다른 교회에서 떠들썩하게 벌어졌던 사건을 떠올렸다. 교인의 아들이 교회 목사를 너무 닮아 유전자 검사를 해봤더니 친자였다는 그 사건. 병에 걸린 여자 교인에게 안수해 준다는 핑계로 다가가 치유를 빌미로 성폭행을 했다는 이야기를 들었을 때 예진은 그런 일들이 자신과는 아무 상관없는 다른 세상의 해프닝이라고 생각했었다. 그런 크고 작은 사건들이 교회 안팎에서 터질 때마다 예진은 흥미로운 가십처럼 듣고 흘려 버리기 일쑤였다.

그녀는 안타까울 만큼 순진했다. 그 수많은 교회의 스캔들 중 본인이 조 목사 스캔들의 주인공이었다는 사실을 까맣게 몰랐으니까.

단단했던 알이 깨지듯 갇혀 있던 예진의 세상에 미세한 금이 가기 시작했다. 그녀는 태어나서 지금까지 자신이 머물던 비좁고 나약한 세상에 난 구멍을 뚫고 나와 비로소 다른 세상을 만났다.

'조 목사님을 만나야겠어.'

이제 그녀는 조 목사를 만나면 이전과 다르게 질문할 자신이 있었다. 나를 사랑한다고 했으면서 왜 주 전도사와 쾌락을 즐겼는지, 가정을 깨고 자신과 함께 살겠다는 말은 진심이었는지. 모두 진심이었다면 목사라는 신분으로 그것들이 잘못되었다는 것을 몰랐는지. 우리가 지은 죄에 대해 기도하고 용서받을 생각은 있는지.

예진은 조 목사에게 전화했다. 잠시 후, 전화기를 귀에 댄 예진의 눈에서 눈물이 흐르기 시작했다. 그녀는 눈물을 닦고 다시 전화를 걸었다. 그렇게 그 자리에서 예진은 한참을 조 목사에게 전화를 걸었지만 조 목사는 끝내 받지 않았다.

*

　"헐~ 수신 거부를 했다고?"

　경미는 어처구니가 없어 하하핫~, 헛웃음을 웃었다. 너무 기가 막히니 웃음밖에 나오지 않았다. 웃는 경미를 보면서 예진도 피식피식 따라 웃었다.

　"야. 박예진. 니가 생각해도 니가 당한 일이 기가 막히고 코가 막히지?"

　"그래. 지금 생각하니 진짜 기가 막힌다."

　"그게 악마지, 어떻게 목사야?"

　"우리가 기대하는 그런 목사의 모습은 아니지."

　"내가 교회를 안 다녀서 잘 모르겠는데. 니네 교회는 그런 사람을 처벌하는 무슨 법 같은 거 없니?"

　"교회법도 있고 교회 재판도 있지."

　"왜, 가끔 뉴스에서 이슬람 국가들 보면 결혼 전에 성관계했다고 공개적으로 태형도 내리고 이해가 안 될 만큼 끔찍한 처벌도 하고 그렇잖아. 미성년자를 성추행하면 공개적으로 돌도 던지고. 그런 거로 따지면 조현세 목사 같은 경우는 거시기를 짤라도 백 번은 더 짤랐겠다. 교회법은 완전 물러 터진 법인가? 아니면 원래 한국 교회가 이렇게 자유분방한 거야? 왜 유독 개신교는 이렇게 잠음이 많은 거니?"

예진의 표정이 심각해졌다.

"아, 미안. 네가 평생 믿어왔던 종교를 부정하거나 비난하려는 생각으로 말한 건 결코 아니야."

"아니. 그래서가 아니라….."

예진은 창밖으로 보이는 하늘을 얼마간 바라봤다. 마치 대답을 해주실 하나님을 찾는 듯.

"니 말이 너무 맞아서. 틀린 말이 없어서 그래. 유 교수님을 만나고 교수님이 나에게 했던 말들이 비수같이 아팠지만 그때도 그랬어. 생각해보니 전부 틀린 말은 아니었거든."

경미도 조심스럽게 말을 얹었다.

"사실 교회 이야기만 나와도 혐오하는 사람들이 많아졌잖아. 정치적 선동이며 부정부패에 온갖 비리와 세습까지."

"맞아. 비판적인 시각을 받아들이고 자정해야 해. 나도 그렇게 생각해."

"넌 그런 교회 때문에 열 안 받니? 나 같으면 교회 자체에 대한 배신감 때문에 교회를 떠났을 것 같은데."

예진은 침착했다.

"아주 어렸을 때부터 교회에 다닌 사람들한테 교회라는 존재는 단순하지 않아. 여자들은 특히 남자들과 달리 순종을 배우기도 했고. 심리적으로 반항하거나 의심을 하는 것도 사탄의 속삭임이라고 배웠으니까. 목사는 그냥 우리랑 똑같은 사람이 아니라 절대적으로 순종해야 할 대상이라고 여기게 되는 거지. 그렇게 배웠고 교회에선 그게 자연스럽거든."

"그래서 잘난 조 목사를 결국 만나긴 만난 거야?"

"만났지. 끔찍했어. 진짜 문제는 그다음부터였거든."

4

조현세 치외법권

끝내 조 목사는 예진의 전화를 받지 않았다. 당연히 예진이 보낸 문자에도 아무런 답장을 하지 않았다. 예진은 조 목사에게 메일까지 보내봤지만 수신 확인만 할 뿐 어떤 대응도 없었다. 주 전도사가 말했던 그대로였다.

예진은 모자를 눌러쓰고 예배시간에 맞춰 조 목사의 교회로 찾아갔다. 그동안 전국으로 조 목사의 부흥회 일정을 숨어서 따라다니면서도 늘 뒷좌석에 숨은 듯 앉아 설교를 듣던 그녀였다. 이제 예진은 뒷좌석에 숨지 않았다. 그녀는 당당하게 맨 앞자리에 앉았다. 조 목사는 모자를 눌러 쓴 예진을 알아보지 못했는지 특유의 호방한 목소리로 설교를 시작했다. 어느덧 설교가 클라이맥스에 오르며 조 목사의 목소리는 한층 높아졌다.

"네 오른손이 너를 죄짓게 하거든 잘라 버리라고 하셨습니다. 온전한 몸으로 지옥에 가는 것보다 불구의 몸으로 천국에 들어가는 것이 낫다고 말씀하셨습니다."

예진은 더 이상 그의 **뻔뻔한** 설교를 참을 수가 없었다.

'대체 누가 누구에게 죄에 대해 말을 한단 말이야?'

그녀는 푹 눌러 쓰고 있던 모자를 벗고 연단 위의 조목사를 똑바로 바라보았다. 두 사람의 눈이 마주쳤다. 그 순간, 수치심과 치욕을 느낀 건, 조 목사가 아니라 예진이었다. 조 목사는 너무도 태연하게 조금의 망설임도 없이 설교를 이어갔으니까. 그의 눈은 마치 예진을 처음 보는 사람처럼, 한 번도 본 적이 없는 사람처럼 아무렇지도 않게 그냥 스쳐 지나갔다.

*

그녀는 조 목사에게 어떤 질문도 어떤 확인도 할 수 없었다. 이런 방식의 이별을 감당하기에는 예진이 너무 경험이 없었다. 자신의 순결을 모두 주었던 사랑의 끝이 이런 어처구니없는 모양으로 끝나는 것 자체를 어떻게 받아들여야 할지 혼란스러웠다. 작별의 인사는커녕 변명조차 없이 어느 날 갑자기 모든 것이 뚝, 끝나 버렸다.

답답증이 밀려왔지만 울분을 토해낼 곳도 없었다. 누구에게 속 시원히 말도 하지 못했다. 예진은 유 교수의 독설을 통해 세상 사람들이 자신을 어떻게 평가할지 알았기 때문에 부끄러웠다. 그래서 자신과 가까운 사람들에겐 더욱 말할 수가 없었다. 오랜 친구 경미에게는 더더욱 털어놓을 수가 없었다. 자유로운 연애주의자인 경미는 서로 사랑하는 사이라면 당연히 성관계도 자유로워야 하고 상대를 구속하지 않고 쿨하게 보내줘야 한다고 말했었다. 하지만 예진은 경미가 그런 연애관을 내비칠 때마다 남녀는 그렇게 만나는 것이 아니라고 주장했었다. 예진은 순결주의자였다. 육체는 너무나 소중하기 때문에 아무에게나 주지 않고 배우자에게만 허용해야 한다던 본인이 50대 유부남 목사와 연애를 했다고 고백한다면, 게다가 멍청하게 그걸 진짜 사랑이라 믿었다고 말한다면 돌아올 대답은 뻔하고 뻔했다.

배신감과 온갖 생각들에 휩싸여 예진은 잠을 이루지 못했다. 그렇게 꼬박 밤을 새우고 날이 밝을 무렵. 그녀는 더 이상 자신의 감정을 통제하지 못하고 주성연 전도사에게 문자를 보내고야 말았다. 당신이 나를 찾아온 이유를 이제야 알겠다고. 그게 어떤 기분인지. 망치로 가슴을 때리는 것처럼 마음이 아픈데 누구도 나를 공감해 주지 않을 것 같다고.

문자를 보낸 지 얼마 되지 않았는데 성연에게서 전화가 왔다. 예진은 전화기를 붙들고 울면서 말했다.

"세상이 우리를 이해해 줄까요, 전도사님? 이제 저는 다시 사랑을 믿을 수 있을까요?"

성연은 말했다.

"아뇨. 아무도 이해 안 해줄 거예요. 다들 미친년이라고 욕할걸요. 교회 밖 사람들은 유부남이랑 놀아난 여자가 피해자 코스프레한다고 손가락질할 테고, 교회 안에선 교회를 더럽히고 목사님을 음해하는 불결한 여자라고 욕할 거예요."

"그럼 이제 어떻게 해야 해요? 저도, 전도사님도. 우린 막다른 곳에 와 있는 거 같아요. 아무도 모르는 곳으로 도망가고 싶어요."

"왜 도망갈 생각부터 하죠?"

"두려워요. 죄를 짓고 어떻게 살아야 할지 너무 무섭구요."

"죄라구요? 예진 씨, 너무 순진하네요. 예진 씨가 무슨 잘못을 했어요?"

예진은 입 밖에 내뱉기조차 부끄러워 기어들어 가는 소리로 대답했다.

"간… 음….."

"하하하하하!"

하나도 웃기지 않은데 박장대소하는 성연의 의도를 예진은 파악하기 어려웠다. 지금은 웃을 때가 아닌 것 같은데. 주 전도사도 조 목사에게 크게 상처받았고 그녀의 가정도 위태로울 텐데.

"왜 웃으세요?"

예진은 조심스럽게 물어보았다.

"간음이 무슨 범죄예요?"

성연의 답은 뜻밖이었다. 게다가 그녀는 전도사인데 간음이 죄가 아니라니. 어리둥절한 예진에게 성연이 다시 말했다.

"우리나라 헌법에 간통죄가 폐지된 지는 한참 됐어요. 남녀의 성행위는 두 사람의 합의가 있었다면 불법이 아니에요. 예진 씨는 교회에 소속된 독실한 교인이지만 대한민국 국민이기도 하죠. 대한민국 국민에겐 자유로운 성적 결정권이 있어요."

"하지만 전도사님은 조 목사님을 고소하지 않으셨나요? 법적으로 문제가 없는데 어떻게 고소가 되나요?"

"두 사람의 합의가 있다는 전제였을 때 문제가 없다는 거죠. 난 조 목사를 위계에 의한 강제적인 성희롱으로 고소했어요."

"위계… 요?"

"네. 위력을 행사했다고 주장할 거예요. 그거 말고 사회법으로 조 목사를 고소하고 처벌할 방법은 없으니까."

"그럼 교회 재판은요?"

"교회법에서는 간음이 성립되겠죠. 교회법은 또 다른 이야기가 될 테니까."

예진은 그간 자신이 얼마나 현실성 없이 바보처럼 세상을 살았는지 깨달았다. 지금까지 예진은 교회법과 사회법의 경계선에서 사회적 규율보다 교회의 규율에 더 익숙한 삶을 살아왔었다. 모태신앙을 이어받고 글씨를 배우고부터 성경을 읽었으며 학교에 다닐 땐 방학 때마다 교회에서 진행하는 프로그램에 참여하기 바빴으니까. 신학대학을 졸업했고 청년부에서 사역했으며 신학대학원에 진학해 논문까지 쓴, 교회에 둘러싸인 삶이었으니까. 어쩌면 예진의 삶이야말로 신앙의 위계에 점령된 삶이었을지도 모른다. 조현세 목사는 그 위력을 악용해 예진에게 행사한 것이었고.

"처벌이 가능할까요? 이길 수는 있어요?"

"어려울걸요."

성연은 억울하다는 말도, 그가 죄인이라는 말도, 반드시 재판에서 이겨야 한다는 말도 하지 않았다. 그녀는 너무나 담담하게 말했다.

"정말이지 어려운 싸움이 될 거예요. 이길 확률이 훨씬 낮을 겁니다. 하지만 내가 나를 파괴하면서까지 고소를 하는 이유는 두 가지예요. 첫째는 나만 당할 순 없어요. 나는 괴로운데 저 혼자 목사 노릇 하면서 잘 사는 꼴을 보고 싶지 않아요. 그리고 둘째는, 더 이상 조 목사에게 당하는 사람이 없었으면 합니다."

진심이었다. 성연은 조 목사의 새로운 성적 노리개가 더 이상 등장하지 않길 진심으로 바랐다. 그리고 젊은 예진도 조 목사에게서 벗어나 동등하고 당당한 사랑을 해야 한다고 생각했다.

"전도사님."

어느새 예진의 목소리도 차분해졌다.

"네. 예진 씨."

"저도 전도사님과 같이 조 목사님 고소할래요."

"그럴래요?"

"조 목사님은 목회 활동을 하면 안 되는 사람이에요.

목사, 그만두게 할래요. 저 말고도 다른 사람을 위해서. 또 다른 피해자는 더 이상 나오면 안 됩니다."

"힘들 거예요. 사방에 소문이 날 테고. 모두에게 손가락질당할 거예요. 다시는 교회에, 아니 대문 앞 편의점에도 똑바로 얼굴 들고 나가기 어려울지 몰라요."

"이미 하나님 앞에서 얼굴을 들기 힘들어요. 불법은 아니라고 하셨지만 저는 하나님 앞에선 죄인입니다. 조 목사를 고소해서 세상에 알리고 다른 피해를 막는 것으로 제 죗값을 치르고 용서를 구할 생각이에요."

"그럼 우린 동지네요."

"저를 많이 도와주세요."

"그럼요. 나도 똑같은 죄를 지었는데. 우린, 조 목사 육체를 같이 나눈 사이잖아요. 하하하하."

마음의 짐을 가볍게 하고 싶었는지 성연은 아까처럼 크게 웃었다. 아직 그녀만큼 내공이 쌓이지 않은 예진은 이번에도 성연의 웃음을 이해하기 힘들었다. 예진은 성연의 웃음을 그냥 결의나 다짐 같은 것이라고 쉽게 생각하기로 했다. 그렇게 예진은 성연의 웃음소리와 함께 인생의 어떤 관문을 지나고 있었다.

*

　예진은 그동안 조 목사와 함께 주고받았던 문자 메시지들과 메일들. 통화 목록들을 모아 경찰에 증거물로 제출했다. 그리고 동시에 간음죄로 교회 재판에도 고소장을 넣었다. 그런데 시간이 지나 진술을 위해 경찰서에 출석한 예진은 뜻밖에도 조 목사가 한발 앞서 자신을 고소했다는 사실을 알게 됐다.

　"박예진 씨가 고소장을 제출하시기 이틀 전, 조현세 씨께서 먼저 박예진 씨를 고소하셨습니다."

　"저요? 저를요?"

　예진은 믿을 수 없어서 재차 되물어 확인했다.

　"제 이름 맞아요? 행정착오나 그런 게 아니라 정말 저를 조현세 목사님이 고소했다구요?"

　"예. 맞습니다. 정식 조사도 받으셔야 하고 그쪽에서 법무법인 변호사까지 이미 고용하셨기 때문에 나중에 재판에도 출석하셔야 할 것 같네요. 그런데 뭐 조현세 씨께서 여기 증거물도 이미 다 제출하셨고⋯."

　"사안이 뭐예요? 무슨 명목으로 저를 고소한 건가요?"

　"스토킹이요."

"스… 토킹이요?"

상상도 하지 못한 일이었다. 스토킹? 세상에, 스토킹이라니.

"오랜 시간 이어진 스토킹으로 고통을 받다가 더 이상 견디기 힘들다고 고소 고발을 하셨습니다. 뭐 전국 방방곡곡 부흥회 하는 장소마다 다 따라다니면서 미행도 하고 업무 방해도 했다고 되어 있고요."

업무 방해, 미행…. 예진은 사시나무 떨 듯 온몸이 떨렸다.

"일단 박예진 씨도 소장 받으시면 그때 이 건을 변호사와 진행하면 될 것 같습니다. 박예진 씨가 조현세 씨를 성폭행으로 고소하신 건 저희 조사가 끝나면 검찰에 송치되는데 어때요? 같이 진행을 계속하시겠습니까?"

"네. 진행할게요."

이렇게 몸이 떨리는데 걸어서 무사히 집에 갈 수 있을까? 내가 스토커라니.

"형사님. 제가 스토킹을 한 적이 없는데 그렇게 일방적인 주장으로 죄가 성립되고 고소 고발이 되는 건가요?"

형사는 딱한 눈빛으로 예진을 잠시 바라보았지만 이내 사무적인 태도로 돌변했다.

"제가 사실 여부를 판단할 순 없는 노릇이고요. 증인들이 있긴 있습니다. 아마 재판에 증인들이 출석하겠죠. 박예진 씨도 변론하실 게 있으면 미리 준비하세요. 저도 중립을 지켜야 하는 처지이기 때문에 그 이상은 말씀드릴 수 없습니다."

"증인이 누구예요? 어차피 다 알게 될 텐데, 증인이 대체 누가 있어요?"

"조현세 씨 사모님 되시는 분도 증인으로 되어 있고…."

'사모님'이라는 단어를 들은 예진은 그다음부터 아무 말도 들리지 않았다. 어떻게 경찰서를 나왔고 어떻게 집까지 왔는지 지금도 기억이 잘 나지 않았다. 조금 더웠던 것 같고 조금 멀었던 것 같다. 계속 걸었으니까. 몇 시간을 집까지 계속 걸었으니까.

그렇게 집까지 돌아온 예진은 집 앞에서 예진을 기다리고 있는 그를 다시 만났다. 한성준이었다. 그가 왜 왔는지 짐작하고도 남았다. 갑자기 의도치 않게 예진의 입에서 웃음이 터졌다.

"하하하하하하!"

주 전도사가 터트렸던 그 웃음. 이제 그 웃음의 의미

를 조금은 알 것도 같았다. 예진은 세상을 향해, 교회를
향해, 하나님을 향해, 배꼽이 빠지도록 실컷 웃었다.

*

"좀 괜찮아?"

성준은 비가 왔던 예전의 그날처럼 예진의 집 안으로
들어와 거실 식탁에 앉았다. 그리고 예진도 그날처럼 믹
스커피를 타려고 포트에 물을 끓였다.

"오빠, 예전에 우리 집에 왔을 때 다 알고 있었죠?"

"학교에 이미 소문이 나 있었으니까."

"정작 나만 몰랐네요, 그 소문을."

"원래 소문은 소문의 주인공이 제일 마지막에 알게 되
는 거야."

예진은 믹스커피가 담긴 찻잔을 성준 앞에 내려놓으
며 식탁 맞은편에 앉았다.

"그때 강하게 말해주지 그랬어요. 정신 차리라고. 조
목사 곁에서 당장 떨어지라고."

믹스커피를 마시며 성준이 대답했다.

"너도 어른인데 뭘."

'그래. 나 어른이지. 맞아, 난 어른이었어. 누구와 만

나 관계를 맺고 누구와 섹스를 하고 누구와 이별하는 것까지 모두 스스로 판단하고 결정하고 책임지는 어른. 그런데 왜 나는 진짜 어른이지 못했고 겉만 어른인 백치같이 굴었을까.'

"예진아. 네가 교회 재판에까지 고소했다는 소리 들었어. 이제 어쩔 거니?"

"잘 모르겠어요. 고소한 목적은 있지만 구체적인 계획을 세워놓고 시작한 일은 아니라서. 천천히 생각하려고 했어요. 그런데…."

"조 목사가 스토커라고 했다며."

"오빠. 소식 빠르네요. 완전 정보통이야. 저도 오늘에야 안 사실인데."

"바보야. 그러니까 내가 뭐랬니? 도움이 필요하면 나한테 말하라고 했지."

그랬던 것 같다. 아니, 그랬다. 도움이 필요하면 말하라고. 쏟아지는 비를 맞으며 그렇게 당부했던 성준 오빠의 그 말을 왜 까맣게 잊고 있었을까. 성준은 주머니에서 주섬주섬 핸드폰을 꺼내더니 무언가를 찾기 시작했다.

"아, 여기 있네."

그는 서류를 찍은 사진을 예진에게 보여줬다.

"이게 뭐예요?"

"진술서야. 조 목사 진술서."

"오빠 대체 뭐 하는 사람이에요? 오빠 이런 거까지 어떻게 가지고 있어요?"

"너는 어쩜 이렇게 아무것도 모르고 사니? 법무법인 예승, 우리 아버지가 예승 법무법인의 변호사야. 이거 모르는 사람 거의 없는데. 너도 참 어지간하다."

성준은 말을 이어갔다.

"조 목사가 너를 고소하기 전에 우리 아버지 사무실에 왔었어. 나는 너랑 조 목사 사이가 보통 관계가 아니라는 걸 소문을 들어서 알고 있었기 때문에 사무실 밖에 있었지만 조 목사가 하는 이야기를 어떻게든 엿들으려고 애를 썼고. 자세하게 듣지는 못했어. 근데 조 목사 목소리가 워낙 성량이 크고 화통하잖아? 간간이 들리더라고. 너 예전에 대한민국이 떠들썩했던 허일용 국회의원 성폭행 미투 사건 알지? 그 사건 때 우리 아버지가 허 의원 담당이었거든. 결국, 허 의원이 무죄 판결 받았잖아. 아버지가 조 목사에게 그때랑 똑같이 조언을 해주시더라고."

"똑같이 어떻게요?"

"사랑했다고 하라고."

"똑같은 짓을 했는데 사랑이 아니면 유죄고 사랑이라고 말하면 무죄가 되나요?"

"그럼. 사랑은 무죄야."

"그랬더니 조 목사가 뭐래요? 저를 사랑하긴 했대요?"

"그럼. 아주 절절하게. 한눈에 불꽃이 일었다고."

예진은 할 말을 잃었다. 스토커로 둔갑시켜 고소해 놓고 정작 본인은 진정한 사랑이었다고? 스토커를 진심으로 사랑했지만 스토킹이 괴로워 고소했다고? 앞뒤가 안 맞아도 한참 맞지 않았다. 성준이 종이 묶음을 내밀었다.

"내가 여기, 조 목사 진술서를 갖고 있는데 직접 한 번 볼래? 아버지 사무실에서 급하게 사진으로 찍어서 출력한 거야."

진술서에 따르면 조 목사는 목사 인생의 절정을 맞아 아슬아슬하고 위태로운 유혹에 빠졌는데 그것이 바로 예진을 처음 본 순간이었단다. 말로는 표현하기 어려운 격정을 예진에게 느꼈고 마침 그녀가 어려운 개인사를 겪고 있었기 때문에 자신은 연민을 느껴 허물어지듯 약한 여인을 보듬었다고. 예진과의 관계가 부적절한 걸 알았지만 본능적인 남자의 사랑을 주체할 수는 없었다고.

그래서 그녀를 진심으로 사랑했고 그녀도 자신을 사랑했다고. 불가항력의 사랑이었지만 그 뒤로 잘못을 깨닫고 아내에게 자신의 부도덕한 실수를 털어놓고 용서를 빌었다고. 하지만 그때부터 자신을 향한 예진의 지독한 스토킹이 시작됐다고 쓰여 있었다. 조 목사의 어처구니없는 진술은 사모님을 증인으로 한 진술까지 뒷받침되어 아주 타당하게 꾸며져 있었다.

"법리 싸움으로 가면 성인 남녀에게 사랑은 죄가 아니니까. 게다가 피해 당사자인 사모님이 용서하고 이해를 한다면서 도리어 너를 비난하고 있잖아. 사모님의 진술만 있는 게 아니야. 이제 장로님, 권사님들의 진술도 하나씩 잇따라 들어올 거야. 전부 조 목사에게 유리하게."

"그렇죠. 사랑은 죄가 아니니까. 헤어지자고 하는데 헤어지길 거부하는 집착이 죄겠죠."

"아마 조 목사는 무죄 판결을 받을 거야."

예진은 황당했다. 보수적인 교회 재판에서 더 승소가 어려울 거라고 생각했는데, 오히려 그보다 좀 쉬울 거라고 생각했던 사회법으로도 유죄판결을 받을 수 없다니.

"성준 오빠. 그럼 조 목사님이 나를 사랑했고 부적절

한 관계가 있었다는 걸 시인한다면 교회 재판에선 간음으로 인정돼서 처벌받을 수 있어요?"

"아니."

"그것도 아니에요?"

"조 목사가 어떻게 나오는지 한번 두고 보자. 아마도 조 목사는 교회 재판에선 또 다르게 진술할 테니까."

"하나의 사건을 다르게 진술할 수도 있어요?"

"교회법은 사회법에 적용되지 않으니까. 교회 재판에선 조 목사가 아마 너랑 절대 사귄 적이 없다고 말할 거야."

사회법으론 사랑해야 무죄고, 교회법으론 사랑하지 않아야 무죄라니. 예진은 주 전도사와 상의해야겠다고 생각했다.

"그런데 오빠. 오빠는 왜 나를 도와주세요?"

예진의 말에 성준은 대답 없이 피식 웃었다. 그 순간, 예진은 전에 유 교수가 했던 말이 떠올랐다. '나이를 먹을 만큼 먹은 성인 남자가 여자에게 호의를 베풀 땐 뻔한 거'라는 말.

"네가 생각하는 그런 거 아니야."

예진의 마음을 읽은 듯 성준이 말했다.

"예전부터 교회가 바뀌어야 한다고 생각했어. 특히 조

목사 같은 성범죄자에게까지 면죄부를 주는 건 정말 잘
못이야. 교회가 더 이상 타락해선 안 돼. 목회자와 교회
를 보호한답시고 방관하는 것도 이젠 멈춰야 해. 난 앞
으로 교회 안에서 일어나는 성범죄를 예방하는 시스템
을 만들려고 해. 이 일이 나에겐 사역이야."

성준은 예진을 진심으로 걱정했다. 그리고 자신이 도
와줄 수 있는 건 최대한 돕겠다고 약속했다. 그리고 유
교수 소식도 귀띔해줬다.
"유 교수님, 학교 그만두실 거 같아. 유 교수님 아내분
도 조현세 목사에게 당하셨더라고."

*

치외법권.
목사는 치외법권을 가진 존재였다.
법원 판결문에 나오는 성의 자기결정권과 성경적인
순결의 개념엔 엄청난 차이가 있었고 몇 개월, 아니 몇
년에 걸쳐 여자를 성적으로 추행했다 할지라도 위력으
로 자유 의지를 억압한 게 아니라면 형사처벌은 불가능
했다. 어쩔 수 없는 현실이었다. 성의 자유가 보장되는

헌법 국가에서 순결을 강조하거나 정절을 요구하는 것은 더 이상 의미 있는 일이 아니었다.

위력을 입증하는 일 역시 사실상 어려웠다. 철저하게 피해자 진술과 증거물로 입증해야 했는데 이 과정에서 수치심을 견디지 못해 재판을 포기하는 피해자들도 상당히 많았다.

게다가 성폭력처벌법상 2013년 이전 사건은 친고죄 고소기간이 6개월 이내로 되어 있었다. 예상대로 조 목사는 사회법으로 기소조차 되지 않았다.

교회 재판에서도 다를 것이 없었다. 교회 재판국은 사회법에서 이미 무죄 판결이 났는데 교회가 시대의 흐름을 역행할 이유도 없을뿐더러 증거도 불충분하다고 판단했다. 재판국의 목회자와 장로들은 피해자들의 증언조차 믿지 않았다. 뿐만 아니라 결정적 증거를 가지고 오라고 다그쳤다. 정말 증거가 없었다기보다 뚜렷한 증거가 있었다 하더라도 인정하고 싶지 않은 속내가 엿보였지만, 어쩔 수 없었다. 그들은 교회에서 일어나는 시끄럽고 어수선한 일들이 사회로 퍼져나가는 것이 더 위해라고 여겼다. 징계를 내려 교회의 불온한 사건을 인정하는 것보다 조용히 덮고 스스로 치유되길 원했다.

주성연 전도사 사건도 예진의 사건과 마찬가지 처분을 받았고 비슷한 형태로 진행됐다. 교회 사람들은 교회를 죽이는 행위를 용납하지 않았다. 놀랍게도 조현세 목사 사모 역시 다르지 않았다.

조 목사 사모는 지식인 냄새를 물씬 풍기는 말투를 가졌고 교양이 몸에 밴 사람이었다. 그녀는 믿기 어려울 만큼 오랜 시간 동안 품위를 지키기 위해 남편의 여자 문제를 인내해 왔던 사람이다. 하지만 이번 사건만큼은 조 목사 사모도 크게 분노했다. 다만, 조 목사가 아닌 박예진과 주성연 전도사에게.

분노의 대상이 남편이 아니라 남편의 상대 여자들이라는 사실은 어쩌면 당연했다. 그녀가 미국에 살던 시절부터 지금까지 남편의 여자 문제를 참아온 데는 분명한 이유가 있었다. 조 목사의 사모는 교회의 권위가 곧 자신의 권위와 직결된다는, 권력의 논리를 잘 아는 사람이었다. 그 때문에 교회를 흔드는 행동을 받아들이지 못했고 자신이 사모로서 힘들게 지켜왔던 품격이 깨지는 것을 원하지 않았다.

결국, 조 목사 사모는 품위를 지키는 일이 위기에 처하자 형편없게도 예진을 찾아와 돈을 건넸다. 그러곤 삼류 드라마처럼 스토킹 건으로 고소한 사건을 철회하겠다는 조건으로 합의하자고 요구했다. 예진은 그날 처음으로 조 목사의 사모와 마주 앉았다. 그녀가 건넨 봉투를 열어보니 천만 원짜리 수표 세 장이 들어 있었다.

"우리 교회 근처에는 얼씬거리지 말아요. 그럼 스토킹 고소는 취하해 줄 테니까. 잘 생각해 봐요."

사모가 말했다.

"저는 돈을 받을 생각이 없습니다."

"아니, 받아요. 예진 씨도 잘한 거 하나도 없어."

봉투를 다시 예진 앞에 밀어 놓는 사모의 손에서 강한 힘이 느껴졌다. 사모는 예진을 노려보고 있었다.

"나, 예진 씨가 목사님이랑 실컷 놀 때 눈 막고 귀 막으면서 아무것도 모른 척 눈감아 줬어요. 그런데, 지저분하게 놀았으면 얌전히 끝을 내고 떠날 것이지 뭘 고소까지 해서 애써 참고 있는 나까지 망신을 줘요?"

"또 다른 피해자가 나오지 않기를 바라는 마음이었습니다. 사모님도 고통스러우시잖아요. 이제 그 고통에 매듭을 지어야죠."

"난 목사님이 호텔 방에서 다른 여자 만나는 거 괜찮은 사람이에요. 다만 그 문제가 개인의 문제가 아니라 교회의 문제가 되니까 내가 수치스러워서 참을 수가 없습니다."

그간 너무 많은 일을 휘몰아치듯 겪은 탓에 예진은 이제 비참한 기분조차 느끼지 못했다. 예진은 자기 앞에 놓인 삼천만 원을 보며 한때 조 목사의 사모가 되길 꿈꿨던 어리석은 과거를 떠올렸다. 예진은 자리에서 일어나며 말했다.

"말도 안 되는 일이지만, 한때 목사님이 저에게 사모 자리를 약속하신 적이 있었어요. 그런데 이렇게 남편 불륜의 뒷수습까지 해야 하는 것이 사모의 역할이었다는 건 몰랐습니다. 이게 정말 교회의 품위를 지키는 일인가요?"

예진의 생각은 더욱 굳건해졌다. 이제 교회는 바뀌어야 한다.

*

조 목사 사모와 합의하지 않은 예진은 결국 스토킹 법으로 벌금형을 받았고 사회봉사 30시간의 명령까지 받았다. 10만 원 이하의 벌금이라는 가벼운 처분이었지만 억울하고 불명예스러운 일이었다. 하지만 예진은 조 목사에게 죄를 묻기 위해선 자신도 죗값을 치러야 한다고 생각했고 묵묵하게 받아들였다.

예진은 더 이상 교회에 다닐 수 없을 만큼 지저분한 루머에 시달렸고 교회에서 친분을 가졌던 모든 사람이 그녀를 비난하며 그녀의 곁을 떠났다. 하지만 그녀는 오히려 단단해지고 있었다. 이제 자신의 목소리를 분명하게 낼 줄 아는 어른으로 성장했으니까.

무죄 판결을 받은 조 목사는 너무나 건재했다. 주일이면 아무 일 없었다는 듯 여전히 스타 목사로 강단에 서서 설교를 했다.

"말씀을 읽겠습니다. 구약성경 사무엘상 13장 1-19절입니다. 오늘 말씀은 '암논'의 죄를 말하는 사건입니다. 신명기 22장 26절에서, 약혼한 처녀를 강간한 남성은 죽이라고 했고 여성에게는 죄가 없다고 했습니다. 그런데 28-29절은 여성이 약혼하지 않았을 경우, 둘을 결혼시켜야 한다고 했습니다. 구약 시대에 여성은 가부장제 사회에서 갈 곳이 없었습니다. 여성은 땅을 상속받지 못했습니다. 누군가의 아내가 되거나 아들을 낳아야만 했습니다. 흔히 약자로 꼽는 '고아와 과부'가 그 사례입니다. 신명기의 이 구절은 여성의 사회적 지위를 보장해 주라는 차원이었습니다. 남성이 평생 책임지라는 의무를 부과한 것이라고 할 수 있습니다."

예수님은 믿는 우리에게 엄격한 성 윤리를 요구했습니다. '여성을 보고 음욕을 품는 자마다 간음한 사람'이라고 했습니다. 여성을 성적 대상으로 보는 것부터 간음이라고 했으며, 전후 맥락을 보면 한쪽 눈이나 손이 범죄를 저지르거든 없는 상태로 천국 가는 게 낫다고 말했을 정도입니다.

오늘 말씀 14절을 보면, 암논이 그 말을 듣지 아니하고 다말보다 힘이 세므로 억지로 그와 동침했다고 기록하고 있습니다. 다말은 죄가 없습니다. 그 사건 이후 19절에서, 다말은 자기 머리에 재를 덮어쓰고 그의 채색 옷을 찢고 손을 머리 위에 얹고 가서 크게 울부짖습니다. 모든 사람에게 자신의 상황을 알린 것입니다.

암논은 다말을 쫓아내기만 하면 이 사건이 묻힐 줄 알았습니다. 다말이 부끄러워 침묵할 줄 알았던 것이지요. 하지만 다말은 세상에 자신이 겪은 사건을 외쳤습니다. 부르짖는다는 히브리어 '짜악, צעק'은 온 성이 떠나가듯 울었다는 뜻입니다.

하지만 다윗 왕은 심히 분노하였을 뿐 암논에게 어떠

한 처벌도 내리지 않았습니다. 다윗은 아버지이자 왕으로서 율법과 도덕을 지킬 의무가 있는 사람이었지만 암논의 아버지, 즉 가해자의 아버지로서만 행동했습니다. 피해자인 딸의 외침과 분노에는 전혀 관심이 없었습니다. 다말은 고립되어 외롭게 지냈습니다. 정상적인 사회생활을 전혀 할 수 없었다는 말입니다. 그렇다면 다윗은 왜 딸의 고통을 보고도 아무런 정죄를 하지 않고 가만히 있었을까요?

암논 사건과 다윗 자신의 사건에는 공통점이 있습니다. 다윗은 왕이라는 지위를 이용했고, 암논 역시 위력을 이용해 죄를 저질렀습니다. 다윗과 암논은 각각 밧세바와 다말을 아름답게 봤습니다. 아비와 아들이 둘 다 자기 눈에 보이는 대로, 욕망대로 행동했습니다. 두 사건 모두 '금지된 관계'였습니다. 아들 암논은 다말과 이복 남매 사이였습니다. 아비 다윗은 유부녀와 간음했습니다. 신명기 22장에 따르면 다윗은 죽어야 합니다. 레위기 18장에서도 남매간 성관계를 금지하고 있습니다. 둘 다 율법을 어긴 것입니다.

그렇다면 다윗과 암논의 차이점은 무엇일까요? 결론

적으로 그 사건 이후 다윗은 살았지만 암논은 죽었다는 것입니다. 다윗은 나단 예언자의 책망을 받고 회개하고 아들의 반란으로 치욕스러운 죗값을 치렀지만, 하나님에게 버림받지는 않았습니다. 그런데 암논이 회개했다는 기록은 없습니다. 암논은 2년 후, 동생 압살롬 손에 죽었습니다.

오늘 이 말씀의 주제는 '회개'입니다. 하나님께서 용서 못 할 죄는 없습니다. 만약 암논이 다윗처럼 회개했다면 그에게도 아무런 문제가 없었을 것입니다. 우리 모두는 죄인입니다. 하나님의 말씀이라는 로고스 앞에서는 살아 있을 만한 생명은 없습니다. 하지만 우리가 죄를 회개하면 다시 하나님의 사랑, 아가페의 사랑으로 용서받을 수 있습니다.

그러면 어떻게 회개할까요? 우리는 하나님 앞에서 죄인임을 고백해야 합니다. 그러면 우리 죄는 흰 눈처럼 깨끗해지는 것입니다. 저도 날마다 죄를 짓습니다. 저도 매일매일 회개합니다. 우리는 회개해야 살 수 있습니다. 그럼 지금 이 시간, 우리는 '주여' 외치고 우리 죄를 회개하는 시간을 갖기를 원합니다.

예수님의 이름으로 우리의 모든 죄가 깨끗해지길 기도합시다."

교인들 사이에서 '아멘, 아멘!' 소리가 터져 나왔다. 하지만 예진이 처한 현실에서는 그저 허공의 메아리일 뿐이었다.

대형교회 목사의 설교는 기독교TV 방송국에 매달 선교비를 후원하는 터라 반복해서 방영되었다. 유튜브를 통해서도 퍼져나갔다. 이제 예진에게는 설교자의 인품과 설교 내용은 별개로 보였다. 설교는 설교일 뿐이었다.

조 목사는 이전과 다를 바 없이 전국을 돌며 부흥회를 이끌었다. 10여 개의 설교 레퍼토리가 있었는데 뻔뻔하게도 자신이 스토킹을 당했다는 거짓 경험까지 설교 소재로 사용했다.

조 목사 사모 역시 원하는 대로 여전히 품위를 유지했다. 그녀 역시 아무것도 잃은 게 없었다. 남편의 목사 자리는 굳건했기 때문에 자신도 굳건하다며 안도했다.

내상을 입고 무너지는 건 뜻밖에도 인간이 아닌 교회였다. 교회는 인간들 때문에 서서히 안으로 무너지고 있었다. 교회를 지키려는 인간의 방식은 그렇게 교회를 망치고 있었다.

5

은하 피해의 사슬

"그래서 이런 짓을 했다는 거야? 네 목숨을 끝내는 짓을?"

지금까지 예진의 이야기를 들은 경미는 화가 나서 예진을 다그쳤다.

"그따위 판결을 받은 게 대체 언제야?"

"3주 전이었어."

"원하지 않은 결말이었지만 판결을 받아들이기로 했으면 그냥 다 떨쳐버리고 새 인생을 당당하게 살면 되는 거지. 왜 목숨을 내버리는 짓을 한 거야?"

"판결을 받고 난 뒤. 더 이상 조 목사가 있는 교회를 다닐 수 없으니까 하루 날을 잡아서 짐을 정리하려고 교회에 갔었어. 사역하던 청년부에 남겨뒀던 짐들이 있었거든. 그래서 아침 일찍 사람들이 없는 시간에 마지막으로 교회에 나갔지. 누구라도 마주쳐서 좋을 게 없으니까. 편안하고 차분하게 혼자 마지막 정리를 하고 싶기도 했고…"

*

짐을 정리하기 위해 이른 아침 교회로 향하며 예진은 만감이 교차했다. 자신의 일부처럼 여기고 열심히 봉사했던 청년부였는데, 정말 많은 추억이 있었는데, 그녀는 자신을 따르던 형제자매들과 마지막 인사조차 하지 못하고 떠나게 될 줄 몰랐다. 그들의 기억 속에 예진은 좋은 추억보다 불명예스러운 마지막으로 기억될 게 뻔했다. 그 사실이 마음 아팠지만 그 또한 어쩔 수 없는 일이었다. 일일이 해명할 수도 없으니 예진은 그냥 그렇게 교회를 떠날 수밖에.

짐은 많지 않았다. 작은 플라스틱 상자 하나에 담기는 짐. 교회에서 필요한 서류들은 그대로 놔두고 몇 가지 개인적인 것들만 챙기다 보니 자신의 것은 정말 얼마 없었다. 기껏해야 청년부원들과 함께 찍은 사진들과 주고받았던 문서들 몇 개가 전부였다. 이렇게 남는 게 없을 줄이야. 그래도 이곳을 떠난다 생각하니 짐을 모두 빼고 작은 상자 하나만 들고나오는 예진의 발걸음이 홀가분했다.

"선생님…?"

교회 밖으로 걸어 나오는데. 누가 예진을 불렀다. 돌아보니 자신의 반 학생 은하였다. 은하는 올해 갓 대학에 입학한 스무 살 풋풋한 대학생이었다.

"부지런하네. 새벽기도 왔구나?"

"네."

은하는 예진이 들고 있는 상자 속 짐을 쳐다보았다.

"선생님, 우리 교회 떠나세요?"

"응. 미안해, 은하야."

"저, 선생님 좋아했는데…."

예진은 그렇게 말해주는 은하가 고마워서 자기도 모르게 은하의 머리를 쓰다듬었다. 그때였다. 느닷없이 은하가 눈물을 뚝뚝 흘리기 시작했다.

"은하야…."

너무나도 슬픈 표정으로 예진을 바라보는 은하의 얼굴이 금세 눈물범벅이 됐다.

"울지 마. 은하야. 선생님 정말 괜찮으니까."

예진은 상자에 담겨 있던 휴지를 집어 은하의 눈물을 닦아 주었다.

'나랑 그렇게 정이 들었나? 이렇게 울 일은 아닌데.'

예진은 은하를 토닥여주며 말했다.

"교회만 옮기는 거지 나 전화번호도 그대로고 이사도 안 갈 거야. 선생님 보고 싶으면 언제든지 전화해. 맛있는 거 사줄게."

은하는 알았다는 듯 고개를 끄덕였다. 예진은 억지로라도 웃는 모습을 보이고 떠나야겠다는 생각에 웃는 얼굴로 은하와 눈을 마주쳤다.

씽긋―

그런데 예진의 얼굴이 갑자기 굳어졌다. 억지로 웃는 은하의 얼굴. 은하의 얼굴은 걷잡을 수 없는 어떤 사건이 이미 벌어졌다는 걸 말해주고 있었다. 불길하고 불안한 느낌이 예진을 엄습했다. 아무리 웃어보려 해도 굳은 얼굴이 펴지지 않았다. 세상에서 가장 딱딱하게 굳은 얼굴로 예진이 은하에게 물었다.

"은하 너… 혹시 조현세 목사 만나니?"

*

예진은 은하를 인적이 드문 인근 공원 벤치로 데려갔다. 지금이라도 늦지 않았으니 은하를 말려야 했다. 자신과 같은 피해자가 또 나오는 걸 어떻게든 막아야 했다. 조 목사와 질 것이 뻔한 고소전을 감행했던 이유도 더 이상 자신 같은 피해자가 나오지 않게 하려고 했던 것이다. 조 목사를 만나냐는 질문에 긍정도 부정도 하지 않는 은하를 보며 예진은 마음이 다급해졌다.

"은하야, 잘 들어. 너 선생님이 왜 교회 떠나는지 알지?"

은하는 고개를 끄덕였다.

"선생님이 도와줄 수 있어. 편하게 솔직히 말해도 돼."

예진은 혹시나 누가 들을까 봐 다시 한번 주변을 살피곤 조용히 물었다.

"조 목사가 너도 건드렸니?"

아까보다 조심스럽게 은하는 다시 고개를 끄덕였다.

"세상에. 하나님….'"

예진은 두 손으로 얼굴을 감쌌다. 그런 수치스러운 고소전까지 벌이면서 아무것도 바꾸지 못한 무능한 자신에게 자괴감이 들었다.

'이러고 내가 교회를 변화시킨다고 설쳤던 건가? 우리 반 학생 하나도 지키지 못했는데?'

예진은 정신을 차리고 어떻게든 은하를 설득해야 했

다. 자신이 당했던 이야기를 은하에게 털어놓고 당장이라도 조 목사와의 모든 인연을 끊으라고 말해줘야 했다. 주 전도사가 카페에서 예진에게 그랬던 것처럼. 조현세 목사의 여성 편력과 무책임한 행동과 또 그의 사모와 교회 장로들까지. 은하에게 이야기해줘야 할 것들이 너무 많아 잘 정리가 되지 않았다. 그때 은하가 먼저 말을 꺼냈다.

"저… 임신했어요."

정수리에서 천둥이 꽝, 내리쳤다. 은하는 멍하게 서 있는 예진을 보며 입술을 잘근잘근 씹었다.

"선생님. 저랑 병원에 같이 가주실 수 있어요?"

*

산부인과 대기실에 앉은 은하와 예진은 서로 말이 없었다. 은하의 아기는 8주 차였다. 이미 여러 병원을 오가며 몇 번이나 임신 사실을 확인한 은하는 이미 낙태를 결심한 상태였다. 하지만 낙태는 불법이었다. 병원마다 보호자의 동의를 받아오거나 성폭행같이 원치 않은 임신으로 아이를 가졌다는 사실을 증명해야만 수술을 할 수 있다며 은하를 돌려보냈다.

은하는 도움을 구할 곳이 없었다. 성폭행으로 원치 않는 임신을 했다는 걸 대체 어떻게 증명해야 하는 걸까? 게다가 갓 스무 살을 넘긴 은하에겐 낙태 수술비도 상당한 부담이었다.

"김은하 님~!"

간호사가 은하를 호명하자 은하와 예진은 동시에 어색한 표정으로 대기실 의자에서 일어났다. 예진은 보호자 자격으로 진료실에 따라 들어갔다. 이미 낙태를 결심한 은하를 예진이 설득할 방법은 없었다. 아니, 사실 설득할 명분도 없었다. 이제 스무 살이 된 은하에게 쉰 살이 넘은 조 목사의 아이를 낳으라고 누가 말할 수 있을까. 예진은 은하에게 물어보고 싶은 것이 많았지만 입을 다물고 그저 은하 곁에 있어 주기로 결심했다. 지금은 물어볼 때가 아니라 침묵하고, 연대하고, 위로를 나눌 때였다.

초음파 기계가 은하의 배 위에서 움직이자 은하의 배 속에 있던 동그란 점이 꿈틀꿈틀 움직이기 시작했다. 배 속의 아기를 난생처음 본 예진은 넋을 놓고 모니터 안에서 움직이는 동그라미를 바라보았다. 저 아이, 움직이는 저 동그라미를 지워야 한다니. 그때 초음파 기계를 움직이며 의사가 말했다.

"아이는 아주 잘 자라고 있어요. 8주 차고요. 문제없이 자궁에 자리 잡았고요. 환자분. 아이 심장 소리 한번 들어볼게요."

"아니요!"

은하는 단호하게 의사의 말을 거절했다.

"저 다른 병원에서 심장 소리 이미 듣고 왔어요. 아이가 8주 차라는 것도, 건강하게 잘 자라고 있다는 것도 다 알아요. 저, 아이 낳으려고 온 게 아니라 낙태하러 왔어요. 그 심장 소리 다시 들으면 저 낙태 못 해요."

진료실 안에 몇 초간 정적이 흘렀다. 당황한 의사를 도우려는 듯 옆에서 차트를 들고 있던 간호사가 먼저 정적을 깨고 말했다.

"낙태 수술이 불법인 거 아시죠?"

이번엔 예진이 은하를 도울 차례였다.

"원하지 않는 임신을 했다는 걸 증명해야 한다고 해서 제가 증인이자 보호자로 따라 왔어요."

예진은 조 목사를 고소했던 서류들과 진술서 등을 의사에게 보여주며 말했다.

"여성 편력과 성 집착증이 있는 사람입니다. 범죄자예요. 저와는 고소전까지 치렀어요. 이 친구가 원하지 않는 관계로 임신을 했다는 건 제가 분명하게 말씀드릴 수 있어요."

의사가 예진에게 물었다.

"보호자분께서도 그럼 당했다는 건가요?"

힘겹고 부끄러운 사실이었지만 예진은 은하를 위해 뭐든 증명해야 했다.

"저도 같은 사람에게 똑같은 일을 겪었습니다. 이 친구가 원치 않는 임신을 했다는 걸 제가 증명할 수 있어요. 초기에 수술하지 않고 아기가 큰 다음에 수술하면 위험하다고 들었습니다. 도와주세요."

의사는 고개를 끄덕이며 차트에 상당히 긴 의사 소견을 적고는 간호사에게 차트를 건네며 말했다.

"김은하 씨. 아침 식사는 안 하셨죠?"

의사의 의도를 눈치챈 은하가 재빨리 대답했다.

"저 금식하고 왔어요. 수술할 수 있으면 지금 바로 해주세요."

*

생명을 지우는 일은 너무 쉽고 간단했다. 아이를 지우는 시간은 고작 20분 남짓. 그러고 나면 회복실에서 마취가 깰 때까지 기다리는 게 낙태 수술의 전부였다. 은하의 손을 꼭 잡아주고 수술실에 들여보낸 뒤 예진은 대기실에 앉아 초조하게 기다렸다.

아까 봤던 배 속의 아기가 머리에서 지워지질 않았다. 형태도 잘 알아볼 수 없는 동그라미였지만 분명 생명이었다. 그 작은 아기는 인간의 모습을 갖추기 위해 안간힘을 다해 움직이고 있었다. 그동안 종교적 이유로 낙태를 반대해 왔던 예진은 너무 혼란스러웠다. 이제껏 살면서 가지고 있던 종교적 신념과 절대적 가치들이 송두리째 흔들리고 있었다.

'하지만 만약 은하가 낙태하지 못하고 아이를 낳아야 한다면?'

은하가 조 목사 아이를 낳는다는 생각만으로도 예진은 끔찍했다. 하지만 동시에 살아 움직이는 생명을 죽이는 일에 적극적으로 동참했다는 사실 역시 괴로웠다. 은하에게 도움을 주었다는 안도감과 살아 있는 생명을 지웠다는 죄책감 사이에서 예진은 끊임없이 왔다 갔다 했다.

은하의 수술은 무사히 끝났다. 이제 상처받은 은하의 마음을 치유할 차례였다. 문제는 예진이었다. 그날 이후, 예진은 매일같이 끔찍한 악몽을 꾸기 시작했다.

*

악몽의 주인공은 조현세 목사였다. 조 목사는 밤마다 예진의 꿈으로 찾아왔고 예진의 온몸을 만져댔다. 슬프게도 예진의 몸은 꿈에서조차 조 목사를 기억했다. 차라리 귀신이나 괴물이 등장하는 진짜 악몽이면 좋으련만, 예진은 자신의 꿈을 방문한 조 목사와 밀회를 즐겼고 그가 만져주는 육체의 기쁨을 만끽했다. 이렇게 꿈에까지 찾아온 그가 반가웠고 꿈에서라도 그를 볼 수 있어서 행복했다. 그리고 잠에서 깨면 어두운 방, 예진은 혼자였다.

예진은 비록 꿈이었지만 조 목사와의 만남을 행복해하는 자신을 견딜 수 없었다. 잠에서 깨면 화장실로 달려가 꿈속에서 그가 만진 부분을 씻고 또 씻었다. 그러고 나서 다시 잠이 들면 또 꿈을 꾸었고 조 목사를 만났다. 꿈이 두려워 차라리 잠을 자지 않고 밤을 꼬박 지새운 날도 있었는데 깜빡 낮잠이 든 틈을 타 조 목사는 다시 예진의 꿈에 등장했다.

악몽도 이런 악몽이 없었다. 한번은 꿈에서 조 목사가 예진에게 오럴섹스를 요구했는데 예진은 한참 동안 황홀하게 조 목사의 그것을 입에 넣고 빨다가 잠에서 깨기

도 했다. 조 목사의 그 느낌이 그대로 입가에 남아 있었
고 예진은 연신 구역질을 했다.

 통제할 수 없는 영역이었다. 노력해서 꿈을 꾸지 않을
수만 있다면 할 수 있는 노력은 다해볼 텐데. 예진은 십
자가와 성경책을 머리맡에 놔둬 봤고 일부러 몇 겹이나
옷을 겹쳐 입고 잠을 자기도 했다.
 열 겹이나 옷을 겹쳐 입고 잠이 든 날. 예진은 꿈을 꾸
며 그 옷을 모조리 벗었다. 잠에서 깨어난 예진은 벌거
벗은 자신의 몸과 침대 여기저기에 허물처럼 널려 있는
옷들을 보며 망연자실했다. 무의식적인 꿈의 세계까지
조 목사에게 철저하게 길들여진 건지, 아니면 그동안 겪
은 사건들 때문에 생긴 깊은 상처를 회복하지 못한 건지
알 수가 없었다.
 '은하의 낙태 수술을 도와준 것 때문일까?'
 낙태 수술이 예진의 가치관에 혼란을 주었고 정신적
외상을 입은 것도 사실이었지만 그렇다고 꿈을 꾸는 현
상을 설명하긴 어려웠다. 중요한 사실은 예진이 잠이 들
기만 하면 조 목사가 나타난다는 것, 꿈에서 예진이 조
목사의 몸을 갈망한다는 것, 그렇게 꿈을 꾸고 현실로
돌아오면 바닥보다 더 깊은 바닥까지 내려간 듯한 자괴

감 때문에 더 이상 살고 싶지 않아진다는 것이었다.

조 목사가 예진에게 남긴 후유증은 심각했다. 아마 다른 피해자들도 마찬가지였으리라. 꿈에서 깬 그녀는 더러운 육체에 절망하느라 일상생활을 할 수가 없었다. 깨어 있는 순간만큼은 어떻게든 살아보려고 기도하고 또 기도했지만 아무 소용이 없었다. 그렇게 한참의 시간 동안 조 목사의 꿈을 앓는 예진은 피폐해졌다. 그녀는 더이상 이런 삶을 살고 싶지 않았다.

간음한 죄, 무지한 죄, 생명을 죽인 죄까지. 죗값이 있다면 달게 받겠지만 꿈에서 조 목사의 육체를 만나는 방법으로 죗값을 치르고 싶진 않았다. 그래서 그녀는 생을 마감하자고 결심했다.

*

"너무 억울했어. 죽어서도 원한이 될 것 같았고 천국에도 가지 못할 것 같았어."

그녀는 지금도 그때의 기억으로 괴로워 보였다. 어디서 들어본 적도 없는 기이한 꿈이었다.

"죽음을 결심하면서도 생각했어."

그녀는 아무도 알아주지 않는 죽음으로 생을 마감할
순 없다고 생각했다. 예진은 경미가 볼 수 있도록 그동
안의 일을 기록하기 시작했다.

"죽더라도 사람들한테 말하고 싶었어. 나처럼, 주 전도
사님처럼, 은하처럼, 또 다른 누군가처럼 조 목사에게 당
하지 말라고. 사회법으로도, 교회법으로도 다 해봤지만
아무도 내 말을 들어주지 않았잖아. 나만 창녀 같은 여자
가 됐잖아. 법으로도 다 소용이 없다면 죽음으로 알리면
누가 관심이라도 가져주지 않을까? 게다가 너는 방송국
에서 일하니까. 니가 알게 되면 혹시라도 세상 사람들이
이 부조리함을 알 수 있지 않을까 하는 생각이었어."

경미는 예진을 꼭 안아주었다. 경미의 품에 안긴 예진
은 가슴을 치며 서럽게 울었다. 한 남자에게 이용당하고
처절하게 버려진 배신감, 세상 사람들에게 받았던 모욕
감, 철저하게 혼자가 된 것 같은 두려움, 그리고 이런 처
지가 되었는데도 끝끝내 그를 꿈에서라도 기억하는 자
신의 더러운 육체에 대한 수치심까지. 모든 감정이 예진
의 가슴에서 요동쳤다.

"너 정말 조현세 목사에 대해서 세상 사람들에게 알리
고 싶니?"

경미가 의미심장하게 물었다.

"알리고 싶어. 더 이상 창피할 것도 없잖아. 대한민국 전체에 아니, 세상 전체에 조현세의 만행과 타락한 교회를 알리고 싶어. 그런데 누가 내 이야기를 들어나 줄까? 돌이나 던지지 않으면 다행이겠지."

"방법을 찾아보자."

"…?"

"법적으로 해볼 수 있는 건 다 해본 거니 더 이상 어쩔 수 없고. 국민청원을 넣는다고 여론이 공감해 줄 것 같지도 않고 말이야."

"방송이라도 타게 하려는 거야?"

"아니. 전부 무죄 판결이 난 사건인 데다 그 뒤로 특별한 이슈도 없는데 피해자의 지인이라고 함부로 방송에 내보냈다간 도리어 역공을 당할 수 있어."

"그럼 어떤 방법?"

경미는 예진을 바라보며 씩 웃었다.

"내 아이디어 한번 들어볼래?"

*

'짜악 צעק'

히브리어로 '짜악'은 울부짖는 소리라는 뜻이다.

구약성경에 나오는 다윗왕의 아들 암논에게 성폭행을 당한 이복 여동생 다말은 가해자인 이복오빠 암논에게 '이런 어리석고 옳지 않은 일을 하지 말라'고 부르짖었다.

하지만 아버지 다윗 왕은 그런 딸의 부르짖음을 외면했다. 다윗 왕이 암논에게 어떠한 처벌도 내리지 않고 딸의 고통에 무관심했던 것은 그 자신 역시 부하 장수 우리아의 아내 밧세바와 간음한 전과가 있었기 때문이다. 구약에 여자 문제가 없는 지도자가 없다고 말했던 유 교수.

그의 말은 어쩌면 진짜일지도 모른다.

그리고 구약에서 지금까지 이토록 긴 인간의 역사가 흐르는 동안 바뀐 것은 별로 없었다.

다말의 '짜악'은 어쩌면 지금의 '미투' 같은 것일지도 모른다.

6

다말의 짜악 צעק

서울 중심가에 자리한 기독미술관 주변은 직장 밀집 지역 특유의 분위기를 풍기고 있었다. 월요일 새벽 6시. 거리는 희미하게 밝아오며 새벽공기를 흠뻑 머금고 있었다. 아직 본격적인 출근이 시작되지 않은 거리는 특별히 서두르는 발걸음도, 분주함도 없이 고요했다. 이제 한 시간만 지나도 본격적인 출근 시간으로, 서두르는 직장인들 때문에 일대는 시끄러워질 것이다.

그 시간, 성연은 텅 비어 있는 기독미술관 주차장에 차를 댔다. 아직 정식으로 개관하지 않은 기독미술관 주차장은 차 한 대도 없이 텅 비어 있었다. 주차장 정가운데 차를 세운 성연은 시동을 끄고 운전석에 앉아 차창 밖으로 기독미술관 건물을 올려다보았다. 미술관 건물 위로 새벽 구름 떼가 무리 지어 움직이는 모습이 보였다. 성연은 흘러가는 구름을 보며 사람과 참 닮았다고 생각했다. 모두가 저 구름 떼처럼 한번 흘러가면 되돌아가지 못하고 바쁘게 앞길로만 가는 세상이었다. 폭풍우가 내리치면 우르르 몰려들어 시끄럽다가 비가 그치고 날이 개면 모두 언제 그랬냐는 듯 각자의 갈 길을 가는.

사람들은 원래 남의 일에 관심이 많은 것 같지만 사실은 그렇지 않다. 내 일이 아닌 다른 사람의 일에 꾸준히 관심을 두는 사람은 별로 없다. 먹고살기 바쁘고 나와 다른 이해관계에 피곤하게 얽힐 필요도 없기 때문이다. 남 일에 대한 호기심은 원래 양은냄비처럼 끓어올랐다가 금방 식기 마련이다.

조 목사와의 스캔들도 마찬가지였다. 금방이라도 교회 전체가 어떻게 될 것처럼 야단법석이었지만 판결이 끝나고 사건이 마무리되자 사람들은 언제 그런 일이 있었냐는 듯 신경도 쓰지 않았다. 에피소드 하나가 끝나고 다른 에피소드가 시작된 듯 조 목사와 교회는 이전처럼 아무 문제 없이 돌아갔다.

그러는 사이 남편 유 교수와 아이들은 성연의 곁을 떠났다. 예상했던 일이었지만 성연은 조 목사와의 사건이 이렇게 허무하게 무죄로 끝날 거라는 생각은 하지 못했다. 아니, 적어도 불명예스럽게 목사를 그만둘 수밖에 없을 거라는 예상을 했다. 그런데 일반인도 아닌 유명 목사가 터트린 대형 스캔들이 한낱 아이들 싸움보다도 시시하게 끝나 버렸다. 세상이 이토록 타락에 관대할 줄이야. 성연은 조현세의 인생을 보기 좋게 망가트려 놓겠다고 남편에게 호기롭게 외쳤던 그 날을 떠올리곤 씁쓸하게 웃었다. 칼을 뽑기만 했지 아무것도 썰어 놓은 것이 없었다. 모든 것이 흘러가는 구름이었다.

그때, 성연의 차 옆에 차를 세운 소형차 운전석의 창문이 스르륵 내려왔다. 유지나였다. 성연은 보조석 창문을 내려 지나와 찡긋 눈인사했다. 시계를 보니 6시 5분이었다.

"안 늦었죠?"

"잘 도착했어."

두 사람은 약속이나 한 듯 동시에 기독미술관 건물을 올려보았다. 3층짜리 아담하고 현대적인 콘크리트 건물 외벽엔 내일 개관 초대전을 알리는 대형 현수막이 걸려 있었다.

기독미술관 개관 특별 초대전
세계 미술품 경매 사상 최고가
레오나르도 다 빈치의 살바토르 문디

"전도사님, 예진이랑 은하는 아직 안 왔어요?"
"첫차 타고 같이 온다고 했으니까 곧 도착하겠지."
해가 뜨면서 하늘이 금세 밝아져 구름도 선명해졌다.
"사고 치기 딱 좋은 날씨네요."
지나가 말했다.
"그러게. 비 오는 날 불 지르는 건 좀 우습지."
그때 주차장 입구 쪽에 나타난 예진과 은하의 모습이
보였다. 헐레벌떡 들어오는 두 사람을 보면서 성연은 어
이없는 표정으로 입꼬리를 올려 웃으며 차에서 내렸다.
"좀 비장하게 들어오면 어디 덧나? 등교 첫날 지각한
고등학생같이 입장을 하네."
예진과 지나, 은하 사이에서 성연은 큰 언니 포스를
내뿜었다. 어느새 이들은 서로의 고통과 상처를 나눈 동
지가 되어 있었다.
"죄송해요. 첫차를 놓치는 바람에 좀 늦었어요."
예진과 은하가 먼저 기다리고 있던 두 사람 쪽으로 다
가와 인사했다. 6시 10분. 드디어 기독미술관 주차장에

모인 네 사람. 예진이 손으로 큰 가방을 들어 보이며 말했다.

"혹시 몰라서 햇반이랑 김 좀 챙겼어요. 장기전이 될 수도 있으니까요."

"무슨 장기전이야. 속전속결로 끝내고 나와야지."

"아휴~ 전 미국에서 오래 살아서 빵이 좋은데."

"아, 미안해요. 지나 씨. 빵도 좀 챙겼어야 했는데."

"다들 소풍 왔어? 왜 이러는 거야. 내가 꼭 애들 모아 놓고 인솔하는 선생님 같네."

성연은 주머니에서 배지를 꺼내 세 사람에게 건네주며 볼멘소리를 했다. '에로스 결사단'. 성연이 나눠 준 배지에 선명하게 새겨진 글자였다. 배지를 건네받자 네 사람은 비로소 비장해졌다. 그녀들은 왼쪽 가슴팍에 배지를 달았다. 똑같은 배지가 네 사람에게 결속력을 느끼게 해 주었다. 그때 관리직원으로 보이는 아저씨 한 명이 그들에게 다가왔다.

"때가 됐어요."

예진이 속삭이듯 말했다.

"화이팅!"

들릴 듯 말 듯한 소리로 파이팅을 외치며 은하도 주먹을 불끈 쥐었다.

"무슨 일 때문에 오셨습니까? 여긴 오픈을 안 했는데요. 그리고 허락 없이 주차하시면 안 됩니다."

"안녕하세요. 아버님~!"

성연이 붙임성 있게 활짝 웃으며 관리직원에게 다가갔다.

"말씀 못 들으셨어요? 저희 전시 오픈식에 쓸 내부 인테리어 장식 마무리하러 왔어요."

"그런 소리 못 들었는데."

"내일 해외에서 들어온 작품들 오픈하는 날이잖아요."

예진이 손가락으로 건물 외벽 현수막을 가리켰다.

"아, 네. 엄청 중요한 전시라고 하더라고."

"오픈식을 좀 더 돋보이게 인테리어를 바꿔 달라고 어제 급하게 연락을 주셨어요. 수석 큐레이터님께서."

예진이 가방을 들어 보였다.

"개관이 바로 내일이라 시간이 촉박해서 저희가 일찍 서둘러 왔습니다. 저희, 미술관 안으로… 들어가도 될까요? 이 소장님?"

성연은 재빨리 관리직원의 명찰을 읽고 친근하게 직함을 불렀다. 이 소장은 난감한 표정을 지었다.

"지금 나 혼자 순찰을 돌고 있어서 확인할 수가 없는

데. 내가 큐레이터 한 수석한테 전화해 봐야겠네요."

이 소장이 핸드폰을 꺼내자 네 여자는 당황해서 침을 꿀꺽 삼키며 이 소장의 핸드폰만 바라보았다. 한참 신호음을 듣던 이 소장이 말했다.

"너무 이른 시간이라 그런지 전화를 안 받네."

'휴….'

네 여자는 이 소장 모르게 가슴을 쓸어내렸다.

"근데 가슴팍에 단 이 배지는 다 뭐요? 에… 에로…?"

"아! 저희 인테리어 업체 배지예요. 그리고 여기 이분이 바로 해외 현지 업체에서 파견된 직원."

성연이 팔꿈치로 지나의 옆구리를 쿡 찌르자 지나는 이 소장에게 영어로 말하기 시작했다.

"Hello, I'm Yu Ji-na and I'm dispatched from an American interior company. Nice to meet you. Please let me in."

느닷없이 영어로 말을 걸어오는 지나 때문에 이 소장은 당황했다.

"아. 그래요? In? 오케이, 인! 일단 들어갑니다."

지나의 입에서 더 이상의 영어가 나오기 전에 이 소장은 앞서 걸어나가며 문을 열었고 '에로스 결사단'은 그렇게 기독미술관 안으로 무사히 들어갔다.

*

미술관엔 내일 전시될 그림들이 벌써 자리를 잡고 있
었다. 벽에 걸려 있는 그림들은 보호를 위해 하얀색 천
으로 덮여 있어 어디에 어떤 그림이 있는지 바로 알아볼
수가 없었다. 미술관 안을 둘러보면서 성연이 물었다.

"소장님. 전시는 여기 일 층에서만 하나요?"

"아뇨. 일 층은 맛보기이고. 중요한 그림들은 죄다 이
층에 있다던데."

"그럼 살바토르 문디는 이 층에 있겠네요?"

"그렇겠죠. 그게 메인이니께."

"죄송하지만 저희 이 층 문 좀 열어주시겠어요?"

이 소장이 목소리를 살짝 낮췄다.

"열어 줄 것도 없어요. 지금 여기 공사 개관으로 해놔
서 당장 개관이 내일인데 문짝이 성하게 달린 게 없어.
쾅 밀면 그냥 다 열려요. 무슨 공사를 그따위로 했는지."

"아… 성한 문짝이 없구나. 그럼 다 열려 있겠구나."

"너무 비싼 그림이 들어오니까. 예수의 초상을 들어온
다고 예산을 죄다 거기다 써서 돈이 별로 없다더라고.
아무리 그래도 그렇지 비싼 그림 들어온다면서 보안 시
스템도 제대로 안 해놓고 이렇게 허술하게 전시를 하는

게 말이 안 돼. 건물이 겉만 미끈하지 속은 죄다 날림이에요. 아, 경비요원만 해도 그래. 인력을 보충해줘야 할거 아니냐고. 만날 딸랑 한두 명이 이 넓은 데를 다 지키라는 게 말이 되나."

"문도 고장 났고. 경비도 지금 혼자 서시고…, 소장님 너~무 힘드시겠어요."

"힘들지. 힘들어."

"소장님, 기계실은 몇 층이죠?"

"기계실은 3층인데. 거기도 지금 문제 많아."

"거긴 또 무슨 문제가 있을까요?"

"CCTV가 안 돼."

네 여자는 속으로 만세를 불렀다. 이토록 대단한 전시가 이토록 허술하게 준비됐다니 좀 의아했지만 이게 다하나님 뜻인가 싶었다. 성연은 예진을 보며 의미심장한 눈짓을 보냈다. 성연의 눈짓을 본 예진이 가방을 움켜쥐었다.

"소장님, 죄송한데요."

"그래 뭐… 아앗! 으으읍!"

예진이 이 소장의 등 뒤에서 목에 전기충격기를 갖다 댔다. 갑작스러운 공격에 이 소장은 비명을 지르며 바닥에 나동그라졌다. 그사이에 지나와 성연은 양쪽에서 온

힘을 다해 이 소장의 팔다리를 뒤로 꺾었고 예진은 가방에서 밧줄을 꺼내 이 소장의 양손을 묶었다. 밧줄을 묶는 예진의 손은 덜덜 떨렸지만 침착하고 재빨랐다. 은하는 가방에서 꺼낸 청테이프를 쭉 찢어 이 소장의 입에 갖다 붙였다. 테이프에 입이 막힌 이 소장은 비명을 지를 수도 없었고 뒤로 묶인 팔 때문에 일어설 수도 없는 상태로 바닥에서 버둥거렸다.

"으으으흡! 으으으으!"

네 여자는 다음 미션 때문에 마음이 바빴다.

"들었지? 부실시공으로 문이 죄다 고장 났대. 밖에서 아무도 못 들어오게 메인 출입구랑 뒷문만 단단히 막아 놓으면 되겠어."

예진이 가방에서 자물쇠를 꺼냈다.

"제가 할게요. 전도사님."

"그리고 다들 들었지? CCTV도 고장 났대. 전선 끊어 놓을 필요가 없네. 어차피 안 되는 CCTV야. 이제 지나 씨는 기계실로 올라가서 건물 외부 전광판 화면 연결하는 것 좀 확인하고."

"네. 전도사님."

"은하… 넌."

은하는 덜덜 떨고 있었다.

"왜 떨고 있어?"

"이상하게 너무 떨려요. 전도사님."

"어린 널 괜히 데려온 거 같다."

"그러게요. 저도 괜히 온 거 같아요."

은하는 거의 울기 직전이었다.

"얼른 이 층 올라가서 천막 걷고 살바토르 문디가 어디 있는지 찾아봐."

"저 혼자요?"

"그럼 누구랑 가니?"

"전도사님. 근데 이 소장님 입에 청테이프는 떼 드리고 시작하면 안 될까요?"

은하가 바닥에서 버둥거리는 이 소장을 안쓰럽게 보며 말했다.

"저거 떼면 분명 소리부터 지르실 텐데. 그럼 시끄럽고 방해가 된다고."

"그래도 너무 답답하실 거 같아요. 소장님 연세도 있으신데…."

"그렇게 마음이 약해 빠져서 나중에 오늘 일을 어떻게 감당하려고…. 알았어. 얼른 떼 드리고 빨리 올라가서 그림 찾아. 대신 이 소장님. 저희 미션 완료할 때까지 잠시만 협조 좀 부탁드려요. 네?"

짜악! 은하가 이 소장의 입에서 청테이프를 뗐다. 아니나 다를까 청테이프가 떨어지자마자 이 소장은 소리부터 질렀다.

"야! 이 미친 것들아!"

이 소장의 고함 소리에 깜짝 놀란 은하가 손에 든 청테이프를 떨어트렸다.

"맞아요. 저 지금 진짜 미칠 거 같아요."

"당신들 뭐 하는 여자들이야? 전도사?"

"아휴~ 그러니까 왜 테이프를 떼자고 해서. 내가 시끄러울 거라고 했지?"

"당신, 전도사야? 전도사라는 사람이 이런 짓을 해?"

"죄송한데요. 저희도 사정이 있어요. 해치지 않으니까 걱정하지 마세요. 은하야. 좀 있으면 미술관 사람들 출근할 시간이야. 그냥 얼른 올라가서 그림 찾아!"

은하가 이 층으로 올라가자 성연은 이 소장 옆에 쭈그리고 앉아 청테이프를 새로 뜯었다.

"현직은 아니고 얼마 전까지 전도사이긴 했습니다만."

"당장 밧줄 풀어. 이거 범죄야. 범죄!"

"이 소장님. 저희는 지금 범죄를 저지르는 게 아니라 범죄를 저지른 사람을 벌하려는 겁니다."

쩍! 성연은 이 소장의 입에 청테이프를 다시 붙였다.

"죄송해요. 저희, 점심 전에는 여기서 나갈 거니까 잠깐만 고생 좀 하세요. 저희를 도와주시면 나중에 천국 가실 거예요."

성연은 이 소장을 벽 쪽으로 질질 끌고 가서 최대한 불편하지 않도록 비스듬히 모퉁이에 기대 앉히고 3층 기계실로 올라갔다.

*

"전광판 모니터 전원은 정상 작동하고 있어요. 노트북이랑 연결하기만 하면 문제없어요."

기계실 기계들을 이것저것 만져보던 지나가 성연에게 말했다. 벌써 7시였다. 8시면 미술관 직원들이 출근하기 시작할 것이다. 그때 은하가 기계실로 들어왔다.

"그림 찾았니?"

은하의 손에 살바토르 문디가 들려 있었다. 예수의 초상. 남자 모나리자라고 불리는 레오나르도 다 빈치의 그림. 그리고 4억 5천만 달러, 우리 돈으로 5천억이 넘는, 가로 45.4cm, 세로 65.6cm의 세상에서 가장 비싼 그림. 그림 속의 예수는 오른손을 들어 축복하고 왼손으로는

크리스털 구슬을 잡고 있었다. 예수의 상반신을 그린 초
상화. 정말 그 살바토르 문디였다.

"우와!"

성연과 지나는 경이로운 표정으로 은하가 들고 있는
그림을 바라봤다. 입이 쩍 벌어질 만큼 경이로운 예수의
얼굴이었다. 때마침 출입구 문을 모두 막은 예진도 기계
실 안으로 들어왔다. 그런데 예진의 손에도 살바토르 문
디가 들려 있었다. 은하가 들고 있는 것과 똑같은 크기
의 똑같은 그림. 모두 어리둥절한 가운데 예진이 은하에
게 다그치듯 말했다.

"어머. 은하야. 그림이 어디에 걸려 있는지만 확인하
면 됐지 그걸 진짜 떼서 들고 오면 어떡해."

"전도사님이 이 그림 찾으라고 하셔서 전 떼어오라는
건 줄 알았어요."

"세상에. 이거 오천억짜리야. 망가트리면 큰일 나. 당
장 제자리에 갖다 놓자 얼른. 원작에 조금이라도 흠이
생기면 큰일이야."

예진은 가슴을 쓸어내리며 말했다.

"모조품을 미리 준비해서 화통에 넣어왔어요. 그냥 그
림도 아니고 세상에서 제일 비싼 예수님 얼굴이니까요."

"그래. 진짜 그림은 방송용이고. 불 질러 버릴 땐 가짜

로 해야지. 우리가 국제적 범죄자 될 일 있어? 진품 태웠다간 조 목사 물 먹이려다가 도리어 우리가 콩밥 먹는거지."

"근데 예진 씨. 이 모조품 어디서 주문했어요?"

"인사동에 모조품 잘 그리는 유명한 화방 있어요. 인터넷 검색하면 다 나와요."

"웬일이야. 그 집 장사 접어야겠네. 여기 봐요. 예수님 머리카락 컬이 진짜랑 반대 방향이에요."

"큰일 났다. 전광판 모니터에 클로즈업되는 순간 바로 가짜인 게 들통나겠어."

"그러고 보니 이건 확실히 가짜 같아요. 이쪽 보세요. 질감도 달라요."

"그러네. 확실히 달라."

"대체 이쪽 예수님은 어느 숍에서 펌을 하신 거야. 미치겠네."

가슴에 비장하게 결사단 배지를 달았지만 실상은 허둥대느라 정신이 없는 예진과 은하, 지나를 보며 성연은 갑자기 피식 웃음이 났다. 이렇게 순진한 여자들을 윤락한 조 목사. 그는 정말 나쁜 놈이다.

"우리 당황하지 말자."

성연은 세 명의 여자들을 다독였다.

"우리가 미술관에 들어와서 세상 사람들한테 퍼포먼스를 하려는 이유는 하나잖아. 조 목사의 만행을 알리고 진심 어린 사과를 받아내는 것."

"그렇죠. 저는 진심 어린 사과를 꼭 받고 싶어요. 그거면 돼요."

"저는 조 목사에게 그런 짓 다시 안 하겠다는 약속까지 받아야겠어요. 더 이상 목사 노릇 못 하게 하고 싶어요."

"그래. 우리의 목적은 애당초 세간의 화제 몰이였어. 그래서 교회가 자성해야 한다는 메시지를 주려는 거였고. 진짜인지 가짜인지가 중요한 게 아니라 이슈가 되는 게 중요한 거니까 길게 끌지 말고 적당할 때 그림을 태워 버리자."

"그럼 이렇게 해요. 그림에 불을 붙일 때 파마머리부터 확 불을 붙여 버려요."

"그래. 진짜를 들고 있다가. 화면이 바뀌면 재빨리 머리 쪽부터 불을 붙여 버리자."

"벌써 7시 30분이야. 지나 씨. 이제 시작하자. 노트북을 전광판이랑 연결해 줘. 예진이는 퍼포먼스 준비하고 은하는…."

성연은 얼굴에 걱정이 가득한 은하의 어깨를 다독

였다.

"은하는 그림부터 제자리에 갖다 놓자."

*

미술관 현관 입구엔 문이 잠겨 안으로 들어가지 못하
는 직원들이 하나씩 모여들어 웅성거렸다. 미술관 직원
들이 밖에서 누르는 비상벨을 눌러봤지만 벨은 울리지
않았다. 건물 뒤쪽에서 뒷문을 확인한 직원 한 명이 양
손으로 엑스자를 그리며 걸어왔다.

"뒷문도 잠겼어요. 못 들어가요."

"무슨 일이지? 한 수석님, 관장님께 따로 전달받으신
말씀 있으세요?"

한 수석은 기독미술관 개관전인 〈살바트로 문디展〉
을 기획한 기독미술관 수석 큐레이터였다.

"아뇨. 전혀요. 내일 개관이라 안그래도 오늘 제일 바
쁜 날인데. 대체 무슨 일이지?"

"어? 수석님. 저기 보세요."

직원 중 한 명이 건물 외벽을 가리키자 십여 명쯤 되
는 미술관 직원들이 동시에 외벽 전광판으로 고개를 돌
렸다. 화면이 켜지고 노이즈가 일던 전광판 모니터에 미

술관 2층 복도가 잠혔다.

"미술관 안에 누가 있는데요?"

"누구지? 우리 직원은 아닌 거 같은데?"

삐이익— 외부 스피커가 작동하며 내는 잡음이 울려 퍼졌다. 이때까지도 직원들은 기독미술관이 외부인에게 장악됐다는 사실을 전혀 눈치채지 못했다.

시간은 8시. 출근길 인파가 가장 많은 시간이었다. 기독미술관 앞 도로엔 경찰차와 방송국 보도 차량, 신문사 차량이 몰려들기 시작했다. 기독미술관 입구 일대는 일순 극심한 차량정체가 생겼고, 소란스러워졌다. 이제야 미술관 직원들은 무언가 심상치 않은 일이 벌어지고 있다는 걸 깨달았다. 뒤이어 소방차까지 요란한 소리를 내며 등장할 무렵.

셋. 둘. 하나. 카운트가 끝나자 건물 외벽에 걸려 있던 개관전 홍보 현수막이 스르르 힘없이 바닥으로 떨어졌다.

"어어어!"

모여 있던 사람들이 떨어지는 현수막을 보며 소리를 질렀다. 출근길에 그 장면을 목격한 사람들이 어느새 꾸역꾸역 모여들었다. 미술관 직원들은 개관 전시를 알리

는 현수막이 내려지고 새롭게 펼쳐지는 현수막을 보고
서야 자신들의 근무지가 점거됐다는 사실을 깨달았다.

성범죄자 중생교회 조현세 목사는
피해자들에게 사과하라!

새로운 현수막이 내려지면서 드디어 예진의 목소리
가 스피커를 타고 기독미술관 일대에 울려 퍼지기 시작
했다.

"안녕하십니까. 여러분. 저희는 억울함을 호소하고자
불미스럽게도 기독미술관을 점거하게 되었습니다."
몰려든 기자들이 터트리는 카메라 플래시 소리가 요
란했다. 언론과 경찰에서 약속이나 한 것처럼 미리 시간
에 맞춰 도착한 건 경미 때문이었다. 오늘 어떤 일이 벌
어질지 미리 알고 있던 경미가 사건이 터지기 전, 각종
언론사와 경찰서에 미리 준비된 유인물을 보내고 제보
를 했던 것이다. 그리고 그 자리엔 당연히 경미의 방송
국 동료인 장 피디도 와 있었다.

대형 전광판엔 미리 준비한 호소문을 한 줄씩 또박또

박 읽어 내려가는 예진과 예진의 뒤로 나란히 서 있는 세 여자의 모습이 잡혔다.

"여기 기독미술관 안에는 저를 포함해 네 명의 여자가 들어와 있습니다. 지금부터 저희는 중생교회 조현세 목사의 성폭행 사건을 알리려고 합니다. 성폭행 가해자 조현세 목사는 대중 앞으로 나와 피해자들에게 진심으로 사과해야 합니다. 하지만 지금까지 조현세 목사는 사과는커녕 자신의 잘못조차 인정하지 않은 채 목회 활동을 이어가고 있습니다. 조현세 목사는 사퇴해야 합니다. 우리는 성범죄자인 조현세 목사가 더 이상 한국 교회에서 목회자로서 활동하지 않길 바랍니다. 만약 진정한 사과가 이뤄지지 않을 땐."

예진은 잠시 숨을 골랐다. 잠시 영상이 흔들리더니 카메라가 이동하며 모니터 화면에 살바토르 문디가 잡혔다.

"오늘 오전까지 진정한 사과가 이뤄지지 않거나 경찰이 건물 안으로 진입할 경우! 저희는 살바토르 문디를 태우겠습니다. 하지만 조현세 목사의 진정한 사과가 이뤄진다면 즉시 상황을 해제하고 이곳에서 나갈 것을 약속드립니다."

일대가 술렁거리기 시작했다.

'그림을 태운다고?'

사람들은 순간 그게 무엇을 의미하는지 판단하지 못했다. 관중 속에서 누군가 질문하듯 혼잣말을 했다.

"그림을 왜 태운다는 거야?"

아까부터 심각한 표정으로 전광판을 예의주시하던 큐레이터 한 수석이 설명조로 허공에 쏘아붙였다.

"비싸니까요."

관중들의 시선이 한 수석에게 몰렸다.

"사람 하나 죽어봤자 사망 보험금 몇 억 받기도 힘들지 않나요? 저 그림은 오천억이에요. 저 안에 있는 여자들, 사람이 아닌 그림을 협상 인질로 잡고 있는 거라구요."

*

전광판 모니터에 영상으로 방송되고 있는 살바토르 문디는 가연성 물질에 둘러싸여 있었다. 한 수석의 말을 듣고 보니 정말 사람의 목에 칼을 댄 인질극처럼 그림 속 예수가 인질로 잡혀 있는 것 같았다. 이 그림에 휘발유를 바르고 라이터를 켜서 불을 붙이면 오천억짜리 예수의 얼굴이 모두 타버리는 데는 채 10초도 걸리지 않을 것이다. 500년이란 시간을 버텨낸 한 장의 그림이 사라지는 데 걸린 시간은 고작 10초였다.

장로들에게 미술관 농성 소식을 전해 들은 조 목사는 허겁지겁 거실 TV를 켰다. 정말로 자신의 이름 세 글자가 뉴스 속보 자막으로 화면 아래를 지나가고 있었고 채널을 돌릴 때마다 뉴스란 뉴스는 온통 기독미술관 점거 사건과 조 목사 이야기를 보도하고 있었다. 뉴스를 확인한 조 목사는 사색이 된 채 소파에 털썩 주저앉았다.

마스크로 얼굴을 반쯤 가리고 있었지만 그는 한 번에 그녀들은 알아볼 수 있었다. 모두 자신과 육체를 나눴던 여자들이었다. 조 목사는 그녀들의 폭주를 멈추게 할 어떤 방안도 생각해낼 수가 없었다. 그는 그렇게 멍하니 다른 사람의 뉴스를 구경하듯 소파에 앉아 TV를 보고만 있었다.

기자들과 앵커들은 그동안 진행됐던 조 목사의 재판 소식과, 범죄를 저질렀는데도 그가 어떻게 무죄 판결을 받을 수 있었는지를 발 빠르게 보도했다. 그 많은 정보를 어떻게 그렇게 빠르게 입수했는지 놀라울 뿐이었다. 게다가 오늘 밤 교회법과 사회법에 대한 심층 토론이 TV

에서 방송된다는 예고편까지 요란하게 흘러나왔다. 발빠른 언론 보도는 경미의 작품이었다. 경미는 네 명의 여자들이 미술관에서 농성하게 된 이유를 미리 정리해서 각 언론사에 전달했다.

탁!

텔레비전 전원이 꺼졌다. 조 목사의 아내였다. 조 목사 아내는 분노와 수치심을 견디지 못해 온몸을 부들부들 떨었다. 그녀는 절규에 가까운 목소리로 남편에게 물었다.

"당신, 임신까지 시켰어?"

"저건 나도 몰랐어. 진짜 몰랐다니까."

"내가 이럴까 봐 미리 정관수술 하라고 했었지. 그때 당신 내 말 무시하고 정력이 약해진다면서 결국엔 수술 안 했지?"

조 목사는 어떻게든 아내를 진정시켜 보려 했지만 소용없었다.

"김은하. 쟤가 대체 몇 살이야? 스무 살이라며. 고작 스물! 당신 이제 어떻게 할 거야?"

"장로들이랑 상의도 해보고. 변호사도 만나봐야지."

"당신이랑 결혼하고 지금까지, 수도 없이 많은 여자 만나는 거 전부 참아왔어. 나 하나로는 만족 못 하는 사람이라는 거 처음부터 알았으니까 나도 당신한테 별로 마음 주지 않았고. 내가 안 좋아하는 남자라서 다른 여자 만나도 그냥 넘길 수 있었거든. 근데 저 여자들은 당신을 진심으로 좋아했었나 봐?"

조 목사 아내는 울기 시작했다.

"남들 앞에서 창피당하는 게 싫어서 천하의 바람둥이를 여태까지 참아왔는데. 결국은 이렇게 날 망신시키다니. 조현세, 당신 너무 더러워!"

*

중생교회엔 비상회의가 소집됐다. 장로들과 권사들은 혼비백산이 되어 교회 회의실에 모였다. 한쪽에선 담임 목사인 조 목사를 교체해야 한다는 이야기가 나왔고 다른 한쪽에선 무죄 판결까지 받았는데 이제 와서 여자들이 벌이는 소동에 모두가 휘말릴 순 없다고 했다.

"성관계 증거가 어딨어요. 의학적 증거가 없잖아요."

"맞습니다. 이미 법적으로 다 끝난 사건이에요."

"감쌀 걸 감싸야지 이 정도까지 왔는데 다들 정신 차리시오."

"진작 조 목사 사건을 해결하지 않았던 걸 부끄러워합

시다. 이제라도 우리 교회에서 퇴출해야 해요."

"단지 여론이 나쁘다는 것만으로 그럴 수 있어? 당신들 이러면 배신자야."

"당신은 하나님 앞에 가서도 그렇게 말할 수 있어? 더러워도 적당히 더럽게 놀았어야지. 이건 교회 망신이야!"

"지금껏 조 목사님 은혜 보고 살았으면서 뒤통수 치는 거야?"

"이봐! 이 정도면 정신병 수준이야. 조 목사는 환자라고."

의견이 나뉜 장로들은 서로를 비난하기 시작했고 싸움은 크게 번졌다. 교회는 아수라장이 됐다.

＊

백 소장이 운영하는 기독교여성상담소 앞은 백 소장을 취재하려는 기자들로 발 디딜 틈이 없었다. 지금은 인터뷰할 수 없다고 아무리 거절을 해도 기자들은 돌아가지 않고 장사진을 쳤다. 백 소장은 안에서 문을 걸어 잠근 채 사무실에 앉아 뉴스를 보고 있었다. 백 소장의 핸드폰은 아까부터 발신자를 알 수 없는 전화가 끊임없이 걸려와 쉴 새 없이 울리고 있었다.

　사실 백 소장도 경미처럼 오늘 기독미술관에서 벌어질 사건을 미리 알고 있었다. 그러니까 백 소장과 천경미도 미술관 농성의 가담자였다. 두 사람은 이렇게 해서라도 피해자들이 불합리함을 외칠 수 있게 도와야 한다고 생각했다. 그 후 벌어질 일들에 대해선 자신들이 든든한 뒷배가 되어주면 그만이었다. 백 소장은 성폭력 사건 특히 교회 내 성폭력 사건은 절대 혼자 힘으로 해결할 수 없다고 판단했다. 무수히 많은 피해자를 만났지만, 보통 교인들은 일반인과 다르게 사람을 의심하지 않는 성향이 또렷했고 그랬기 때문에 성폭력에서 빠져나오기 힘들었다. 가스라이팅이나 그루밍 성폭력에서 빠져나오기 위해선 혼자 힘이 아닌 누군가의 조언과 도움이 꼭 필요했다.

　경미는 예진이 조 목사와 인연이 끊어졌는데도 꿈에서까지 조현세에게 시달렸고 결국 자살 기도까지 했을 때 예진에게 심리상담을 해줄 사람이 필요하다고 생각했다. 경미는 교회의 특수성을 잘 이해하고 있는 상담자를 수소문했고 백 소장의 존재를 알게 되었다. 그리고 예진에게 백 소장과 만나볼 것을 적극적으로 권했다.

　병원에서 퇴원한 예진은 그렇게 기독교여성상담소 백

소장을 찾아가게 되었다. 조 목사와 예진의 파다했던 이 야기를 익히 들어 알고 있던 백 소장은 상담소를 직접 찾아온 예진을 진심으로 반겨주었다.

"예진 씨가 반드시 나를 찾아올 줄 알았어요. 정말 잘 왔어요. 나 예진 씨 기다리고 있었거든요."

백 소장을 만난 예진은 주성연 전도사 역시 이곳을 찾 아왔었다는 사실도 알게 됐다. 남편뿐만 아니라 가족을 잃은 주 전도사의 상처 역시 상상할 수 없을 만큼 컸다. 강한 척했지만 고통스럽기는 마찬가지였다. 예진은 같 은 고통을 당한 사람들끼리는 마음과 마음이 연결된다 는 걸 알게 됐다. 남의 일이 내 일 같을 때 비로소 이해할 수 있는 것들이었다.

백 소장은 악몽에 시달리던 예진을 안타깝게 여겼다. 오래전 한 남자에게 길들여진 육체에 갇혀 헤어 나오지 못했던 유지나의 언니 유지연처럼. 예진은 심리 치료를 받으며 백 소장과 많은 이야기를 나눴다. 그리고 백 소 장을 통해 조 목사의 또 다른 피해자인 유지나까지 만나 게 됐다.

그렇게 백 소장을 중심으로 자연스럽게 피해자 모임 이 만들어졌다. 박예진, 주성연, 유지나, 그리고 김은하 까지. 고통의 고리로 서로 연결된 네 사람 사이에선 누

구보다 끈끈한 연대의식이 싹텄다. 좋은 일로 만난 사이
는 아니었지만 동지가 있다는 사실 때문에 네 사람은 서
로에게 든든함을 느꼈다.

왜 그렇게 무기력하게 조 목사에게 자신의 모든 걸 다
주었는지. 어쩌면 그렇게도 무지했는지. 어떻게 그토록
어처구니없게 한 남자에게 고스란히 가스라이팅을 당
했는지 누군가 물을 때마다 그녀들은 한결같은 대답을
했다.

"나만 사랑한다고 생각했죠. 어려운 일이 생기면 하나
님께 기도를 드리고 기도로 해결해야 한다고 배웠기 때
문에 다른 방법은 떠올릴 생각조차 못 했습니다."

그녀들이 똘똘 뭉치자 새로운 조력자도 나타났다. 바
로 한성준이었다. 예진에게 말했던 것처럼 성준은 정말
로 교회 내 만연한 그루밍 성폭행 문제를 풀고 싶어 했
다. 그는 지하에서 잠자고 있는 교회 내부의 어두운 이
야기들이 수면 위로 올라와야 자정의 능력도 만들어진
다고 믿었다. 성준은 특히 아동과 청소년을 대상으로 자
행되는 목사나 장로들의 그루밍 성범죄를 반드시 뿌리
뽑아야 한다고 생각했다.

"교회 내 성범죄는 암세포와 같아."

성준은 같은 남자로서 수치스러운 일이라고 말했다. 교회는 하나님과 인간에 대한 사랑으로 세상을 변화시키는 곳인데, 정신이 올바르지 못한 몇몇 미꾸라지 같은 목회자들이 저지른 성범죄가 하나님을 향한 믿음의 기반까지 무너트리고 있다며 분노했다. 그는 교회 내 성범죄 문제해결을 일생의 사명으로 생각하고 사역을 하겠다고 말했다.

'에로스 결사단'이란 이름은 성준이 별명처럼 지어준 이름이었다. 그는 조 목사를 처단하겠다며 결의한 네 여자의 모습이 마치 중세시대 결사단 같다며 웃었다.

"에로스적 사랑으로 이어진 인연들이니까 '에로스 결사단' 어때?"

유치하고 민망했지만 직관적이어서 마음에 든다며 그 이름을 제일 마음에 들어 했던 사람은 주 전도사였다. 에로스 결사단이 기독미술관에 들어가 조 목사를 향한 농성을 하겠다고 결심했을 때 성준은 그녀들을 지지하기 위해 아버지를 설득했다. 성준의 아버지가 과거 조 목사를 담당했던 법무법인 예승의 대표 변호사였기 때문에 농성 사건이 터지면 조현세 목사는 당연히 법률상담을 부탁하러 아버지를 찾아올 테니까.

보수적인 종교관을 가졌고 감정에 호소하기보다 법리

싸움을 중요하게 여기는 아버지를 설득하는 건 생각보다 어려웠다.

"자기 몸을 함부로 굴리는 얼토당토않은 여자들 때문에 내가 했던 변론을 스스로 부정하고 뒤엎으라는 말이냐?"

성준은 교회 안에서 위력으로 성폭력을 행사하는 가해자들을 교회법이 아닌 사회법으로 처벌해야 하며, 가해자들이 법망을 빠져나가도록 법조인들이 도와선 안된다고 주장했다.

"아버지, 법조인들이 교회 내 성폭력 사건을 종교 행위로 규정해 버리는 건 너무 비겁하지 않습니까? 법을 주관하는 사람들의 사명이 언제부터 처벌을 피하는 법을 알려주는 것이었나요?"

"나는 정의의 편도 아니고, 권력의 편도 아니야. 난 무조건 의뢰인 편이야. 그건 변호사로서 나의 자세고 하나님도 이래라저래라 하실 수 없는 내 직업정신이야."

성준은 끝내 아버지를 설득하지 못했지만 끝내주는 아이디어를 떠올렸다. 무조건 의뢰인의 편이라면. 에로스 결사단이 아버지의 의뢰인이 되어 버리면 간단한 것이었다. 성준은 에로스 결사단의 대리인이 되어 아버지에게 사건을 부탁했다. 그렇게 법무법인 예승은 에로스 결사단의 담당 변호사가 되었다.

성준은 그녀들이 기독미술관을 점거하고 물의를 일으켰을 때 어느 정도의 위법사항이 있는지 먼저 알아봐 주었다. 그래 봤자 모두 정상참작이 되거나 가벼운 벌금형 정도에 그칠 사안이었다. 네 명의 여자들은 그 정도는 감수할 수 있다고 생각했다. 조 목사를 심판할 수만 있다면 못할 것이 없었다.

*

11시.

약속한 시각이 한 시간밖에 남지 않았지만 조 목사 측에선 아무런 견해를 내놓지 않았다. 여자 넷은 각자 핸드폰으로 올라오는 기사들을 확인하며 실시간으로 여론을 살피고 있었다. 은하는 댓글 창의 댓글들을 소리 내어 읽었다.

"같은 여자로서 부끄럽다. 이렇게 하면서까지 보복을 해야 하냐? 공감 57 비공감 3."

"얼굴도 두껍지. 몸뚱이 굴렸을 땐 좋았을 거 아니냐고. 공감 180. 비공감 13."

"진짜 이혼하고 자기랑 살 줄로 알았나 보지? 매친년

들. 공감 48. 비공감 9."

"같이 즐겨놓고 뒤통수 지대로다. 한녀들 치 떨려. 공
감 96 비공감 20."

"뉴스 보니까 꼴리는 관상이 하나도 없던데 조 목사
비위도 좋네. 어지간히 눈이 낮은가 봄. 공감 150. 비
공감 31."

은하가 읽는 댓글을 듣고 있던 성연이 기어이 한마디
를 했다.

"아, 쫌! 소리 내서 읽지 말고 눈으로만 읽으면 안 되
니?"

"그러게요. 그렇지 않아도 기분 나쁜 댓글들인데 착실
하게 음성지원까지 받으니까 더 기분이 나쁘네요."

"좋은 댓글은 없니?"

"나쁜 것만 읽지 말고 좋은 댓글도 좀 읽어 봐."

"여기, 여기 있어요."

"응원합니다."

"끝이야?"

"'아!' 공감 29 비공감 141."

"에라이!"

성연이 더 이상 보기도 싫다는 듯 핸드폰을 던져 버
렸다.

"생각보다 여론이 안 좋네요. 왜 가해자보다 피해자를 더 몰아가는 거죠? 이런 정서와 분위기가 이해가 안 돼요."

여론전에서 밀린다는 생각이 들자 지나는 맥이 풀렸다. 예진이 지나를 다독였다.

"댓글은 댓글일 뿐이에요. 부정적인 여론을 예상 못 했던 것도 아니고 우리, 계획에 조금 차질이 생겼다고 해서 약한 모습 보이지 말자구요. 조 목사는 우리가 지쳐서 나가떨어지길 바랄 텐데 조 목사 바람대로 되면 안 되잖아요."

"그래. 예진이 말이 맞아. 사람들의 반응 때문에 상황을 너무 속단하지 말자. 이제 열한 시야. 사고 친 지 아직 세 시간밖에 안 지났어. 당황하지도 말고, 서두르지도 말고. 하나님은 원래 다 계획이 있으시니까. 우리는 슬기롭게 대처하기만 하면 돼."

"네."

모두 고개를 끄덕였지만 불안한 건 마찬가지였다. 슬기로운 대처라는 말이 그렇게 현실감 없이 느껴질 수 없었다. 갑자기 몸이 천근만근 무겁게 느껴졌다. 전날부터 긴장감으로 잠을 설친 데다 새벽부터 미술관에 모이느라 쉬지 못했던 그녀들에게 피로감이 몰려왔다. 하지만

조현세 목사의 반응이 나오기 전까지는 누구도 편하게
잠을 잘 수 없었다.

*

아, 아!
경찰의 확성기 소리가 들렸다. 에로스 결사단과 대화
를 시도하려는 눈치였다. 네 여자는 창가로 다가가 밖을
내다봤다. 경찰 특공팀장 강동수가 확성기를 들고 서서
건물 안쪽을 주시하고 있었다. 그때 예진과 은하가 동시
에 외쳤다.
"어, 엄마…"
예상치 못한 상황이었다. 11시 30분이 조금 넘은 시간
이었다. 강 팀장이 확성기에 대고 큰소리로 외쳤다.
"안에 계신 분들. 지금 여기 현장에 부모님이 와 계십
니다."
강 팀장의 말이 다 끝나기도 전에 은하 엄마가 확성기
를 빼앗았다.
"딸! 당장 거기서 나와."
"엄…마…."
"그동안 그런 몹쓸 일이 있었으면 엄마한테 먼저 털어

났어야지. 이게 다 무슨 일이니?"

은하의 엄마는 급기야 바닥에 주저앉아 울기 시작했다. 은하도 우는 엄마를 보면서 엉엉 따라 울었다. 착잡한 표정으로 옆에서 바라보던 성연이 중얼거렸다.

"너무 각본이 신파로 흐르는 걸 보니까 경찰이랑 조목사 측에서 우릴 끌어내리려고 일부러 부모님들을 캐스팅해서 수작 부리는 거 같은데?"

"그러게요. 우리 엄마는 미국에 계셔서 섭외를 당했어도 어차피 오늘내일 중으론 못 오셔요."

이번엔 예진 엄마가 확성기를 받아들었다.

"애야! 들리니? 들리면 엄마 말 잘 들어."

예진은 눈물이 나오려는 걸 꾹 참았다. 지금 엄마를 보고 울면 결심했던 모든 게 무너져 수포로 돌아갈 것 같았다.

"이런 식으로 해선 안 돼. 모든 일은 대화로 풀고 절차를 밟아 진행해야 하는 거야. 거기서 고생하지 말고 얼른 나와서 하나님께 기도로 묻고 엄마랑 같이 목사님을 만나서 대화로 해결해 보자."

엄마 말을 들은 예진은 엄마를 내다보며 대화하듯 혼자 말했다. 건물 바깥으로는 나가지 않아 엄마가 들을 수 없는 말. 하지만 꼭 엄마한테 해주고 싶은 말.

"엄마. 대화로 해결이 안 됐기 때문에 여기까지 온 거야. 밟을 수 있는 절차는 다 밟아봤어. 그런데 아무것도 해결할 수가 없었어. 사람들이 비난해도, 엄마 얼굴에 먹칠하는 일이어도, 나는 조 목사한테 사과를 받아내기 전엔 절대 여기서 안 나갈 거야. 그래야 내가 살아. 난 괜찮으니까 엄마. 그냥 집으로 가."

흐느끼며 울던 은하가 예진의 혼잣말을 듣고는 울음을 멈췄다. 은하는 창문을 열고 밖을 내다봤다. 그리고 밖에서 오열하고 있는 엄마를 향해 아주 크게 소리를 질렀다.

"엄마! 우리 여기서 그만둘 수 없어. 괜찮으니까 그냥 집으로 가!"

*

아무리 괜찮다고 해도 가족이 등장하자 분위기가 가라앉을 수밖에 없었다. 게다가 이제 12시까지는 15분밖에 남지 않은 상황이었다.

"아휴! 괜히 엄마들이 와서 사람을 심란하게 만드네."

"그럼. 자식이 사방팔방 뉴스 일면을 장식하는데 엄마가 안 올 줄 알았니?"

"전도사님. 그런데 예전부터 묻고 싶었는데 실례될까 봐 물어보지 못했는데요."

예진이 작정한 듯 성연에게 질문을 던졌다.

"전도사님 정말 괜찮으세요? 집에 애들도 있잖아요."

"몰랐구나? 다 떠났어."

"떠나다니요?"

"어차피 키울 만큼 다 키웠어. 사람이 크면 자기 인생 자기가 사는 거지. 좋은 엄마 대신 좋은 아빠가 있으니까 잘살 거야."

"가족들이 집을 나간 거예요?"

"우리 아들은 엄마가 창피하대. 자기는 커서 절대 엄마 같은 여자는 안 만날 거래."

"전도사님⋯."

"더러워서 엄마가 차려주는 밥은 먹기도 싫다나 뭐라나."

성연은 위치를 바꿔 등을 돌리고 앉았다. 그녀는 아마도 눈물을 꿀꺽 삼켰던 것 같다. 그녀의 어깨가 크게 한 번 움찔하는 것을 예진과 지나와 은하가 똑똑히 보았다.

*

　"정말 경찰이 진압에 나서거나 조현세 목사라는 사람
이 사과하지 않으면 저 그림을 태울까요?"

　손목시계를 보며 특공팀장 강동수가 한 수석에게 물
었다.

　"그런다잖아요."

　한 수석은 아까부터 잔뜩 예민했다. 기독미술관을 개
관하고 자신이 기획한 첫 번째 전시였다. 평생을 공부해
겨우 얻은 직장이었다. 무사히 전시를 마치고 앞날에 성
공 가도를 달릴 일만 남았다고 생각했는데. 이런 식으로
그동안 쌓아 올린 공든 탑이 무너질 거라곤 꿈에도 생각
해 본 적이 없었다. 한 수석은 같은 여자였지만 자신의
전시를 망쳐 버린 네 여자가 벌린 일에 조금도 동조하고
싶지 않았다.

　한 수석은 〈살바토르 문디展〉을 유치하기 위해 필사
적으로 노력했던 그간의 일들을 떠올리며 분노했다. 여
색을 밝히는 관장이 회식 자리에서 손을 만지고 가슴을
주물럭거려도 한 수석은 전시를 위해서 꾹 참았었다. 때
론 치마 안으로 손이 들어와 허벅지를 더듬었지만 그녀
는 눈을 질끈 감고 술에 취해 아무것도 모르는 척 웃어

넘겼었다. 그게 다 전시회를 성공시키기 위해서였다.

'사회생활 몰라? 대가 없이 당한 것도 아니고 하는 말을 듣자 하니 지들도 목사한테 받을 거 다 받고 즐길 거다 즐겨 놓고선. 왜 인제 와서 깨끗한 척 사과를 받겠다고 하필 여기 와서 난리야?'

한 수석은 자신이 노력해서 꾸며놓은 미술관과 전시물들을 점령한 여자들이 불쾌했다. 그녀는 〈살바토르 문디展〉이 확정됐다는 소식을 들었을 때 얼마나 기뻤는지를 떠올렸다. 그림들이 항공편으로 인천공항에 도착했을 때 한 수석은 활주로까지 뛰어나가 그림들을 맞이했었다. 그리고 갤러리 벽면에 그 그림들을 하나씩 걸면서 느꼈던 감동. 그 순간을 평생 잊을 수 있을까. 그녀는 하늘이 주신 선물이라고 생각하고 감사했었다.

아까부터 한 수석은 핸드폰으로 실시간 방송되는 뉴스를 켜놓고 있었다. 끊임없이 흘러나오는 뉴스들을 보니 사태가 얼마나 심각한지 잘 알 수 있었다. 앵커의 멘트는 강도가 점점 세졌고 그럴수록 그녀의 가슴은 철렁 내려앉았다.

'정말 이렇게 전시가 끝장나는구나.'

깊은 나락으로 떨어지는 기분, 끝도 없이 추락하는 기

분이란 이런 거구나. 그녀는 두 손으로 얼굴을 감쌌다.

한 수석의 기분을 알 턱이 없는 강 팀장이 한 수석의 핸드폰으로 흘러나오는 뉴스를 훔쳐 듣다가 탄식을 내뱉었다.

"그림을 진짜 태울 수도 있다고? 미쳤어! 아까운 오천억."

"오천억이 문제가 아니에요."

"한 수석님 집에 오천억 있어요? 오천억이 문제가 아니면 그럼 지금 뭐가 문제예요? 오천 원짜리 그림 들고 저러고 있었어 봐. 우리가 지금 이렇게 출동이나 했겠어?"

강 팀장은 아까부터 뾰족한 한 수석에게 보란 듯이 되받아쳤다.

"생각해 보세요. 왜 여기에 외신들까지 이렇게 호들갑을 떨면서 전부 모였을까요?"

"오천억 때문에!"

"멍청하시긴."

"여보세요. 나 국가고시 패스한 대한민국 경찰입니다. 멍청하다니. 말 함부로 하지 맙시다."

"잘 생각해봐요. 저 그림은 이 세상에서 단 하나밖에

없는 그림이라구요."

"그건 나도 압니다. 레오나르도 디카프리오가 그린 그림."

"다 빈치요!"

"알아요. 다 빈치!"

"저 여자들이 태우느니 마느니 하면서 붙잡고 있는 저 그림은 세상에서 가장 비싼 그림, 단 하나밖에 없는 그림, 그것도 예수의 초상이에요. 인터넷으로 국내 여론을 찾아보면 사람들은 처음엔 저 여자들의 농성을 신기하게 보고 농성이나 점거 같은 단어들로 이야기를 해요. 그런데 외신들은 지금 이 사건을 농성이라고 생각하지 않습니다."

"그럼 그들은 뭐라고 생각한답니까?"

"테러요."

"무슨 개오바. 테러가 뭔지 모릅니까? 폭탄 터지고 피 범벅이 돼서 사람들이 나뒹구는 게 테러요. 여기 인명피해 전혀 없고요. 위협받고 있는 사람도 없어요."

"아트 테러라는 거죠."

"아트 테러? 처음 들어보는데요."

"우리 정서로는 이걸 테러라고 이해하기 힘들겠지만 그건 우리 시각이고. 외신들은 지금 이 사건을 테러라고 규정하고 있어요. 농성과 테러는 엄연히 다른 성격이지만 외신들은 그렇게 보지 않는 것 같아요."

"근데 한국에서 일어나는 일인데 다른 나라에서 뭘로보든 말든 무슨 상관입니까? 남자들도 아니고 연약한 여자 넷이 들어가 있는데. 특공대가 들어가기만 하면 순식간에 진압할 수 있어요. 그리고 조 목사라는 사람이 사과만 하면 농성 해제하고 상황 종료되는 거 아니에요?"

"저 그림이 우리나라 껍니까?"

"…."

"저거 외국에서 대여한 거예요. 강 팀장님. 난 이제 끝장이에요. 끝났다구요."

"아니, 이게 한 수석이 벌인 일도 아닌데 왜 그렇게까지 절망적으로 말씀을 하세요?"

"생각해 봐요. 이제 누가 나한테 전시를 맡기겠어요? 그림 한 점 똑바로 지키지도 못하는 사람한테."

한 수석의 말에 강 팀장은 머쓱해졌다. 생각도 못 한 일이었다. 한 수석은 잔뜩 짜증이 나 있었다.

"그리고 강 팀장님도 지금 남 일 걱정할 때 아니에요."

"제가 왜요?"

"인명피해가 없긴 뭐가 없어요? 저 안에 여자들 말고 사람 하나 잡혀 있는 거 아직도 몰라요?"

*

　12시가 다가오자 미술관 앞은 전국 각지에서 모여든 사람들로 정신이 하나도 없었다. 미술관 앞에 모인 사람들은 실로 다양했다. 기독교연합회와 목사들, 장로들, 교인들, 각종 인권위원회와 문화 예술계 인사들, 여성단체 회원들까지. 게다가 외교 문제로 번질 것을 대비해 외교부 직원들까지 대기하고 있었고, 심지어 화재보험사까지 나와 있었다. 흥행 성적으로 평가한다면 에로스 결사단의 성적은 천만 관객을 달성하고도 남은 것이었다. 덕분에 개관도 하지 않은 기독미술관은 이 사건으로 거의 천문학적 홍보 효과까지 덤으로 얻었다.

　12시. 대형 전광판에 에로스 결사단 네 명이 모습을 드러냈다.

　사람들은 동요하기 시작했다. 무모한 짓을 멈추라는 사람과 입에 담지 못할 욕을 하는 사람, 신성한 교회와 목사를 모욕한 저주를 받을 거라는 말들. 또 한편에선 용기를 낸 당신들이 진심으로 멋지다는 말과 지속적인 후원을 하겠다는 말, 박수로 응원하는 사람들도 있었다. 그 와중에 누군가는 불을 지를 거면 화끈하게 빨리 불을 붙이라고 재촉하기도 했다.

그녀들은 사전에 두 개의 낭독문을 준비했었다. 하나는 조 목사가 사과했을 경우, 다른 하나는 사과를 받지 못했을 경우를 위한 것이었다. 예진은 사과받지 못했을 때 쓰려던 낭독문을 집어 들었다. 이런 순간이 오지 않기를 바랐는데 정말 조 목사는 한마디 사과도 하지 않았다.

"예진이가 대표로 읽는 동안 은하는 가짜 그림으로 바꿔 치기 해. 그리고 낭독이 끝나면 나랑 지나가 재빨리 양쪽에서 불을 붙이자. 예수님 파마머리 눈치채지 못하게 머리카락에 재빨리 불붙여야 하는 거 알지?"

다들 긴장한 상태로 고개를 끄덕였다.

"예수님 얼굴을 태우는 건데 나중에 신성모독으로 지옥 가는 건 아니겠죠?"

"어차피 가짠데 뭘."

"막상 불을 붙이려니까 모조품인 걸 알면서도 엄청 떨리네요."

"행위예술이라고 생각해. 예술가들 보면 멀쩡한 악기도 때려 부수잖아?"

"주 전도사님이 연장자시니까 이번엔 전도사님이 대표로 읽으시면 안 돼요?"

"이 쫄보들. 우리가 기독교지 유교야? 왜 이럴 때만 장

유유서를 찾아."

말은 쎈언니처럼 하지만 성연은 예진과 지나, 그리고 은하를 측은하게 바라봤다. 그녀는 오늘의 사건이 마무리되면 다들 진심으로 행복해졌으면 좋겠다고 생각했다. 앞날이 청대같이 창창한 여자들이었다.

"두렵니?"

"두렵지는 않아요. 그냥 긴장한 것뿐이에요."

"앞으로의 일들 말이야. 우리 계획이 성공할지 실패할지 모르겠지만, 오늘 이후 우리에겐 또 다른 상황들이 생길지도 몰라."

"괜찮아요. 더 이상 평범한 삶을 살지 못한다고 해도 전 후회 안 해요."

"그래서 미리 당부하는 말인데."

성연은 한 사람 한 사람의 얼굴을 진심으로 바라봤다.

"너희들은 반드시 평범한 행복을 누리면서 살아."

살아 보니 일상의 행복처럼 어려운 게 없었다. 성연은 그녀들이 대단한 신념이나 사랑의 목표를 가지고 살기보다 평범한 사랑을 받고 일상의 사랑을 나누며 살았으면 좋겠다고 간절히 바랐다. 이렇게 창피하고 망신스러운 일을 벌인 이유도 사실 따지고 보면 일상의 행복을 찾기 위한 과정이었다.

"시작하자!"

셋. 둘. 하나. 카운트가 떨어졌다.

"이 시간까지 저희는 조현세 목사로부터 어떠한 사과의 말도 듣지 못했습니다. 그뿐만 아니라 기독교총연합회의 입장도 전달받지 못했습니다."

예진은 또박또박 낭독문을 읽어 나갔다. 그리고 약속대로 살바토르 문디에 불을 붙였다. 불은 눈 깜짝할 사이에 예수의 얼굴 전체로 번졌다. 모든 사람의 시선이 불타는 예수의 얼굴을 향하고 있었다. 그림을 모두 태운 그녀들은 미술관 옥상으로 올라가 건물 아래를 내려다봤다. 그리고 사람들을 향해 한국 교회의 성범죄 실상을 알리는 유인물을 마구 뿌렸다. 축제처럼 종이들이 흩날렸고 그녀들은 비로소 홀가분하게 웃기 시작했다.

장관이었다.

*

"결국은 그림을 태웠으니 저 여자들 이제 큰일 났네요."

강 팀장이 꽃처럼 흩날리는 종이들과 네 여자를 보면서 말했다.

"별로 큰일은 없을 거예요."

강 팀장이 고개를 갸웃하면서 물었다.

"아까 외신이 어쩌고 하면서 거품 무셨던 거 아니었어요?"

"아무래도 전시회 신용도는 좀 떨어지겠죠. 이제 어떤 작가가 우리 미술관에서 전시하려고 하겠어요?"

"근데 한 수석님. 궁금한 게 있는데, 이제 그림값 오천억은 누가 배상하나요?"

"…글쎄요."

한 수석은 볼 재미는 다 봤다는 표정을 짓더니 허리를 곧게 펴고 또각또각 소리를 내며 현장에서 빠져나갔다. 마치 영원히 미술관을 떠나는 사람처럼 미련 따위는 없는 얼굴이었다. 기독미술관에서 얼마쯤 멀어졌을까.

한 수석이 피식 웃었다. 그리고 아무도 들리지 않게 혼자 중얼거렸다.

"애당초 진품은 한국에 들어오지도 않았어. 설마 5천억짜리 그림을 진짜로 내줬다고 믿는다구? 진심 어린 사과? 쑈하고 자빠졌네. 세상에 진짜가 어딨는데?"

세상에 진짜라는 게 있는지 없는지는 알 수 없지만 진짜와 가까워지려는 노력은 분명하게 존재했다. '에로스 결사단'의 싸움은 진실과 가까워지려는 노력이었다. 장 피디와 경미는 네 여자의 진심이 담긴 이야기를 다큐멘 터리로 제작하기로 했다.

*

더불어 가짜가 또 다른 가짜가 되려는 노력도 존재했 다. 결국, 조현세는 목사직을 내려놓고 교회를 떠났다. 하지만 그는 끝까지 사과하지 않았다. 조현세는 새로운 가짜가 될 참이었다. 교회를 떠난 그는 개명을 신청했 다. 그가 미래에 다른 이름으로 목회 활동을 할 거라는 예상은 쉽게 할 수 있었다.

다말의 짜악 ҕ갂

2021년 12월 1일 초판 1쇄 인쇄
2021년 12월 10일 초판 1쇄 발행

글 신기식
각색 강민보

펴낸이 정영구
펴낸곳 누림과 이룸

편집 김형준, 전정숙, 박영희
디자인/인쇄 디자인화소
일러스트 도움 김소연

등록 제25100-2017-000010
주소 서울시 동작구 성대로 14길 49, 102호(상도동)
전화 02) 811-0914

이메일 zeronine86@hanmail.net
페이스북 facebook.com/nurimiroom

ISBN 979-11-91780-02-4 (03230)
정가 14,000원